MANUALE DI PERSONAL BRANDING

Camilla Stenti

HOW2
EDIZIONI

INDICE

PREFAZIONE

Se gli anni '80 sono stati quelli del boom del **marketing**, con l'ascesa al potere del "**brand**", gli anni 2000 sono stati gli anni del **web marketing** e i 2010 quelli del **social media marketing**.

Ma riavvolgiamo un po' il nastro.

Siamo negli anni ottanta del XX secolo e siamo letteralmente bombardati dalle pubblicità: OVUNQUE. Ormai sono fiorite le tv private e siamo lontani anni luce dal primordiale Carosello della RAI. Tantissime aziende fanno la propria fortuna proprio grazie alla pubblicità in tv, che prima era appannaggio di pochi. È la definitiva ascesa al potere socio-economico del brand e **il marketing diventa religione**. Si scrivono trattati e trattati sul marketing strategico e i pubblicitari diventano star, grazie a campagne faraoniche e geniali. Il pubblicitario parigino Jacques **Séguéla** porta addirittura al trionfo il Presidente Mitterrand grazie al claim "*la forza tranquilla*". Un messaggio semplice e rassicurante, in una sola parola, vincente.

Siamo agli albori del Personal Branding, per tornare a bomba alla nostra tematica.

Dunque, in questo decennio **la marca si ama, senza se e senza ma**. In Italia e precisamente a Milano, nasce il fenomeno dei **Paninari**, i teenager griffati dalla testa ai piedi. Se vuoi essere un vero Paninaro non puoi non indossare marche come *Timberland, Moncler, Best Company, By American, El Charro, Naj Oleari* e chi più ne ha più ne metta.

Personalmente, ero alle Medie e mia madre comprava al mercato. Tuttavia i miei compagni di classe fighetti vestivano firmato dalla testa ai piedi e facevano "clan", così io mi sentivo escluso. Un bel giorno confidai i miei "complessi" a mia madre che, da donna pratica, mi portò nel migliore negozio di abbigliamento per ragazzi e mi comprò diverse felpe di marca. Me ne è rimasta impressa una, bellissima, verde, della *O'Neill*, con una stampa enorme in petto raffigurante un tema surfistico. Beh, dal giorno dopo ero anche io uno di "loro".

Negli anni '80 il marketing favorisce anche il fenomeno delle sponsorizzazioni, che entrano a gamba tesa, per sempre, anche nel mondo dello sport e sulle magliette di calcio.

Ma tornando al nostro tema, il Personal Branding, potremmo affermare che esso, implicitamente, in questa fase, si fa proprio attraverso le marche: **noi siamo le marche che esibiamo e subiamo passivamente il marketing dai mass-media**.

Se gli anni '90 sono figli degli '80, la rivoluzione arriva coi 2000, grazie al **marketing 2.0**, ossia il **marketing digitale** che si afferma con **internet**. Nasce, così, il **web marketing**, che si veicola tramite il computer. Le aziende iniziano a spostare un po' di budget di comunicazione sul web, creando i propri siti vetrina: **ogni brand che si rispetti deve avere il proprio sito**.

Inizia così la guerra dei motori di ricerca, ben presto stravinta da **Google**, il più potente e semplice da usare. Nasce anche l'**e-commerce** con **e-Bay** ma siamo ancora agli albori dato che solo i pionieri si fidano.

Ancora poche persone hanno un sito personale o professionale ma i più arditi, specie artisti, iniziano ad avere un proprio spazio su **MySpace** e le persone iniziano a conoscersi anche via **chat**.

Con gli inizi degli anni 2010 esplode in tutto il mondo il fenomeno **Facebook**, che inaugura l'era dei **Social**. Il fenomeno si diffonde in modo virale prima tra i giovani e poi, via, via, tra le persone più adulte.

Nasce **Twitter** ed è una ulteriore rivoluzione. La gente è libera di comunicare al mondo, liberamente, le proprie idee e ciò ha un impatto socio-politico esplosivo.

Le "persone comuni" (termine, non a caso, oggi desueto), iniziano a "**postare**" e "**twittare**", comunicando via social idee e contenuti vari. Così ben presto, le aziende, fiutando il business, prendono d'assalto anche i social, destinandovi budget di marketing via, via sempre più importanti.

È la **rivoluzione copernicana della comunicazione**: i mass-media non detengono più il potere assoluto, perché la gente diventa protagonista e artefice della comunicazione stessa. Ci si informa (e si informa) anche via social e si può "addirittura" scegliere se vedere video in tv o su **YouTube**!

I vecchi pubblicitari perdono terreno, così come i teorici del marketing della prima generazione, e si affermano nuove figure professionali come il **SEO**, il **web-marketer** e il **social media manager**.

Tra la fine degli anni 2010 e gli inizi dei 2020, una ulteriore batosta è all'orizzonte per i vecchi mass-media e per la vecchia tv: fiorisce il fenomeno del **web-streaming** e del **video on-demand**. Con **Netflix** scegli tu quando vedere cosa e non sei più costretto a "subire" i palinsesti televisivi e le annesse ore ed ore di pubblicità.

Ma mettiamo un attimo il nastro in pausa e ricapitoliamo: dall'uomo oggetto della pubblicità, stiamo per passare, grazie al web e ai social, all'uomo soggetto e protagonista della comunicazione.

Ormai il potere è nelle nostre mani grazie agli **smartphone**, che ci permettono di essere connessi H24, sempre in contatto con i nostri amici, con la rete e sempre pronti a fare shopping online su **Amazon** o altrove nel web.

Arriviamo così, finalmente, all'era del **Personal Branding**: **ormai siamo protagonisti assoluti della comunicazione e, grazie al web, POSSIAMO TUTTO.**

Vuoi diventare una star? Non devi più bussare a centinaia di porte e fare mille provini, perché, se hai talento, potrai esprimerlo direttamente online e diventare famoso e protagonista di milioni di visualizzazioni.

Vuoi lanciare un tuo brand e diventare imprenditore milionario? Basta avere l'idea giusta e le giuste competenze strategiche. Grazie al web e ai social, non occorrono più enormi capitali per lanciare una startup e con il **crow-funding** e il **social-working**, puoi reperire facilmente preziose risorse finanziarie e professionali in rete. Grazie allo **smart-working** puoi lavorare da casa e sfruttare il web per fare carriera, grazie alle enormi possibilità offerte da **LinkedIn**.

Ma per tutto questo, **DEVI SAPERTI VENDERE e per questo c'è il Personal Branding**.

Ricorda: **oggi non sei più spettatore ma puoi diventare protagonista assoluto, subito, e avverare tutti i tuoi sogni.**

Dario Abate

INTRODUZIONE

La marca si forma, nella mente dei consumatori, per antropomorfizzazione, e si comporta come un vero e proprio organismo: nasce, cresce, matura, invecchia, rischia di morire, muore sul serio, e talvolta riesce a rinascere dalle proprie ceneri. Possiede pregi, difetti e caratteristiche umane: le passioni, le ipocrisie, gli entusiasmi e i momenti di slancio. Seduce o lascia indifferenti, avvicina, cattura o allontana. È un'entità alla quale rivolgersi, dotata di valori, di personalità, di fascino e di mistero.

Se la marca sa farsi persona, quindi, anche la persona sa farsi marca?

Certo che sì, e questa possibilità prende il nome di "Personal Branding".

È possibile definire il Personal Branding come **la capacità di fare "auto-marketing", di far sì che le persone parlino bene di te, anche e soprattutto quando non sei presente, e che scelgano proprio il tuo marchio personale.** Il brand personale si interessa alla persona e a come questa sia percepita all'esterno, racchiude quindi al suo interno la reputazione, la comunicazione, le competenze individuali e la capacità di instaurare delle relazioni stabili e durature nel tempo, online e offline.

La definizione di una strategia di Personal Branding rappresenta un lavoro approfondito, che non deve in alcun modo essere lasciato al caso.

Il manuale che stai iniziando ora a scoprire nasce, in realtà, come tesi magistrale, rielaborata in un secondo momento per diversi motivi: primo tra tutti, il desiderio di continuare a studiare e a coltivare quelle che sono le mie passioni, ovvero il marketing e l'ambiente digitale che ospita alcune delle sue iniziative. Un'ulteriore motivazione mi è stata fornita dal mio relatore, che, durante uno dei nostri primi ricevimenti, mi ha riservato testuali parole: "Mi vergogno ad ammetterlo, ma probabilmente sarò l'unico a leggere la sua tesi."

Dietro a ogni lavoro di questo tipo, c'è tanto impegno, fatica, spesso e volentieri anche qualche lacrima di sconforto. Non potevo accettare che tutte quelle ore andassero buttate, che lo sforzo fatto venisse sprecato.

Questo saggio ha quindi preso forma anche per cercare di sfatare la convinzione del mio professore, con la speranza di poter aiutare chiunque si stia approcciando, per motivi personali, didattici o lavorativi, all'argomento. Una guida che cercherà di essere il più possibile chiara e completa sul Personal Branding, un tema che continua a essere sempre troppo poco trattato, poco conosciuto (specialmente in Italia), malgrado la sua scottante attualità. Una pratica che spesso viene sottovalutata, attuata senza la costruzione di basi solide, che ritengo più che indispensabili.

Spero con tutto il cuore di poter essere in grado di svelarti gli aspetti che sono riuscita a scoprire, di consigliarti e guidarti in un percorso, che, sì, richiede una quantità smisurata di energie, di tempo e di passione, ma che può anche restituire tantissimo, avere un ritorno ancor più smisurato.

I social che fanno al caso tuo, gli orari più idonei per la pubblicazione di contenuti, i metodi per identificare, raggiungere, monitorare e interagire con il tuo pubblico, i suggerimenti su come rispondere ai commenti negativi e come affrontare i momenti di crisi, gli esempi di chi è riuscito, con questa tecnica, ad ampliare il proprio business, e di chi, invece, si è scavato la fossa da solo. Questi e tanti altri aspetti saranno trattati nelle pagine a seguire.

Più nel dettaglio, i primi due capitoli approfondiranno il tema, dal generale al particolare, in chiave teorica: nel primo, si parlerà della marca, del suo incommensurabile potere evocativo e della sua capacità di creare atteggiamenti positivi nei suoi confronti. Ripercorreremo velocemente la sua storia, tratteremo le dimensioni costituenti l'immagine di marca e vedremo insieme gli esempi di alcuni protagonisti chiave, che ci aiuteranno a introdurre l'argomento centrale di questo saggio: il Personal Branding. Cominceremo ad affrontarlo nel secondo capitolo, affiancato dalla definizione del concetto della reputazione online e dalla loro evoluzione nel tempo.

Nel terzo capitolo, si passerà all'analisi degli strumenti ritenuti più consoni e capaci di accompagnare e instradare al meglio questo percorso. Verranno analizzati i social media più utilizzati, le piattaforme e le attività che potrebbero aiutare, a seconda degli scopi e degli obiettivi che ci si pone.

Nel quarto capitolo, invece, verranno sintetizzati gli step e i passaggi da percorrere e rispettare, se si vuole attuare una strategia di Personal Branding. Verranno, inoltre, resi disponibili e riassunti i consigli più utili di alcune delle personalità che hanno fatto di questo metodo un trampolino di lancio per la propria carriera.

Nel quinto e ultimo capitolo, passeremo in rassegna alcuni dei casi più significativi dei personaggi più o meno in voga dei nostri tempi. Non considereremo, però, soltanto chi ha già sbarcato il lunario. Si analizzeranno gli episodi più cruciali, le crisi reputazionali che si sono scaraventate anche addosso ai migliori, le casistiche nelle quali il passaggio dalla teoria alla pratica è risultato deleterio, ottenendo l'effetto contrario a quello desiderato.

Questa analisi avrà il fine di comprendere quali brutte sorprese possano celarsi dietro l'angolo, per poter poi eventualmente evitare gli errori più grossolani, figli dell'impulsività, quando arriverà anche per te il momento di mettersi in gioco (online e non).

Dopo queste doverose premesse, direi che siamo finalmente pronti per iniziare!

Con il desiderio di non annoiarti oltre, ti auguro una buona lettura.

1. LA MARCA

1.1. Definizione: cos'è la marca

"Le persone non comprano prodotti e servizi, ma relazioni, storie e magia."

Seth Godin (2015)

La marca è un valore, un a priori, un atteggiamento positivo, un mondo di riferimento da attingere per trovare e comunicare sintonia, la cui immagine si forma per antropomorfizzazione.

Per David Allen Aaker (1991), rinomato economista statunitense, **la marca è "un set di attività (o passività) collegate ad un segno distintivo (marchio, nome e/o logo) che si aggiungono (o sottraggono) al valore generato da un prodotto o servizio."**

Anche se le parole "marca" e "marchio" vengono spesso utilizzate come sinonimi, esse non riflettono la stessa entità: il marchio è un segno distintivo che permette di indicare che quel prodotto o servizio appartiene a una certa azienda, mentre la marca raccoglie questa distintività, ma l'amplifica con un potere evocativo molto più ampio rispetto alla funzione segnaletica e giuridica. La marca, infatti, è una base solida per il lancio di nuovi prodotti, è in grado di riparare dalla flessione delle vendite in periodi di guerre promozionali, aiuta a preservare la quota di mercato dell'impresa in presenza di attacchi da parte dei competitor, valorizza la differenziazione del prodotto e riduce nel consumatore il rischio percepito e la dissonanza post-acquisto. Rivestendo, tra le altre, la funzione di capitalizzazione, la marca raccoglie tutto ciò l'impresa ha fatto, detto e mostrato nel corso degli anni. Se il marchio si "limita" a identificare i beni e i servizi di un venditore, differenziandoli dalla concorrenza; la marca è una modalità di identificazione univoca di un prodotto, o di una linea di prodotti proposti dallo stesso venditore, capace di evocare significati distintivi su quel prodotto (o su quei prodotti). È un capitale di immagine che crea atteggiamenti positivi nella mente del consumatore, che ha la possibilità di determinare la posizione gerarchica fra le opzioni di scelta. **La marca è un sistema di attese nell'universo dei valori legati a offerte commerciali.**

Anche prodotto e marca sono due concetti differenti, ai lati opposti della medaglia: il prodotto lavora sulla ragione, attira per la sua utilità, produce un comportamento, è una risposta a dei bisogni e un posto nell'arena competitiva. Consegna un benefit e allude a un modo reale, nel presente (il vantaggio si ottiene immediatamente). Viene premiato dall'efficacia, può fare compromessi e ragiona sul breve/medio termine, operando sulle leve del marketing mix: Prodotto, Prezzo, Placement (distribuzione) e Pubblicità.

La marca, al contrario, lavora sull'emozione, attira grazie alla sua personalità, produce un atteggiamento, offre dei valori ed è una risposta a dei sogni. È un posto nella mente del target, del consumatore, al quale mostra dei mondi di riferimento, alludendo non più a un mondo reale, come nel caso del prodotto, ma a un mondo possibile. La marca ha una storia e un futuro atteso, viene premiata la coerenza nel tempo, non può fare compromessi e ragiona sul lungo termine. Opera sulle esperienze e sulle emozioni dominanti del target, sulle sue attese e sulla comunicazione.

Un prodotto è utile a qualcosa, serve a qualcosa; la marca, invece, significa qualcosa. Il vantaggio competitivo dei prodotti è facilmente imitabile e riproducibile, solo la marca è in grado di mantenere le differenze.

La marca si forma, nella mente umana, per antropomorfizzazione, come l'immagine di una star.

La personalità ha tre componenti: **il fisico**, che focalizza il prodotto, i benefit, gli attributi e le reasons why; **il carattere**, che focalizza gli aspetti più intrinseci della marca (i contenuti) e si rafforza con la creazione di un mondo; e, infine, **lo stile**, che focalizza invece gli aspetti più estetici della marca, come la forma o il modo di apparire. La "star strategy" consiste, per il pubblicitario Jacques Séguéla (1985), nell'attribuire agli oggetti e ai simboli della comunicazione un'aura che li faccia vivere come persone in carne ed ossa, in cui il pubblico desidera identificarsi. **Sì, perché il pubblico non vuole semplicemente acquistare delle cose, sia pure belle e preziose, ma vuole sognare, ingannare l'infelicità e sconfiggere la noia.**

Il sociologo Jean Noel Kapferer (1996) definisce le caratteristiche del "Prisma di Identità" (Fig. 1): le differenti componenti di una marca, suddividendole in: "fisicità" e "personalità", elementi trasferiti da altri fattori alla marca, che consistono nella sua reinterpretazione tramite caratteri umani; i "riflessi", il target ideale al quale viene associata la marca; e "self image" (o "rappresentazione"), l'immagine che il destinatario si forma di se stesso, acquistando lo specifico prodotto. Sull'asse orizzontale, l'autore pone altri due elementi: l'esteriorizzazione, ovvero la "relazione", il rapporto che la marca instaura con il consumatore; e l'interiorizzazione, i "valori" insiti nella cultura della marca.

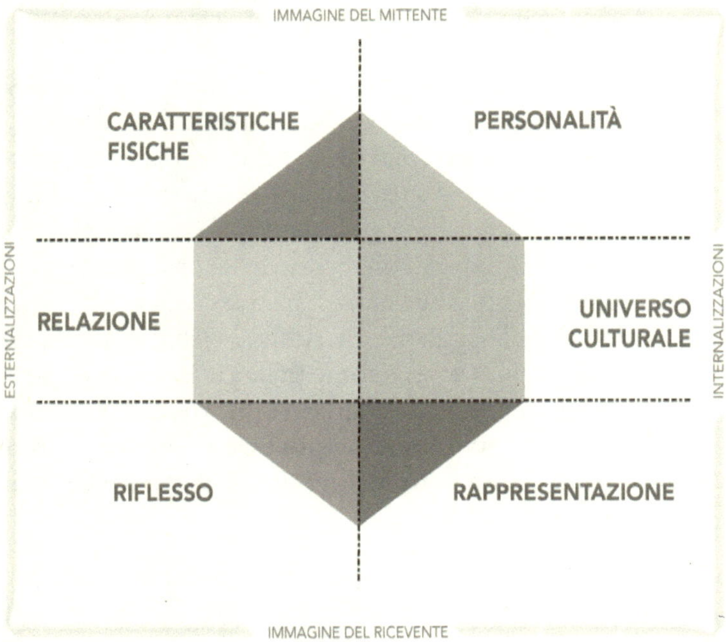

Fig. 1. Il Prisma di Identità di Jean Noel Kapferer, immagine di Chiara Pasin, *"Prisma-di-Kapferer-Brand-Identity-Chiara-Pasin-1"*, 26 maggio 2020.

1.2. La marca nella storia

Nel corso della sua storia, la marca è stata affrontata e approcciata secondo tre differenti modalità. Le diverse fasi della sua evoluzione paradigmatica non andranno lette in chiave di superamento, nell'approccio successivo, di quello precedente. Si è trattato, e si tratta, piuttosto, di un arricchimento progressivo.

Negli anni cinquanta, dopo la fine della Seconda Guerra Mondiale, si assistette, con il boom economico e con la nascita del mercato di massa, a una produzione massiccia di prodotti e di beni. È in questi anni che si inizia a parlare di marketing, ma il marketing di cui si parlava era ancora passivo, orientato al tentativo di essere competitivi sul mercato, con la massimizzazione della produzione e la riduzione dei suoi costi. È in questo frangente che si inserisce la prima fase del percorso nelle sfaccettature del brand: il periodo della definizione strutturale della marca, in un momento storico nel quale l'attenzione era riposta sui suoi aspetti più superficiali, utili a risaltarne la potenzialità segnaletica.

Di questo primo approccio, occorre segnalare tre costrutti: **l'identità visiva del brand, la brand awareness e la brand resonance**. **L'identità visiva** (o **immagine coordinata) è il primo elemento di comunicazione verso l'esterno** e coincide con il momento di progettazione del veicolo grafico che renderà il brand uno stimolo riconoscibile dal pubblico. Questa progettazione consiste nella scelta e nell'ideazione di tre elementi chiave per un brand: il naming, un'icona che lo identifichi univocamente (un logo) e una frase distintiva (un pay-off). Ciascuno di questi elementi andrebbe pensato in funzione del messaggio comunicativo che si ha intenzione di veicolare (esprimere il proprio posizionamento rispetto ai competitor, individuare la categoria di appartenenza, il proprio segmento target, i benefici del prodotto, ecc.).

La brand awareness riguarda il primo obiettivo che l'approccio strutturalista si pone, ovvero **lo sviluppo di un soddisfacente grado di consapevolezza dell'esistenza del brand nella mente del consumatore.** Il desiderio da parte delle imprese è quello di raggiungere il livello di Top of Mind, dove una determinata marca viene immediatamente in mente al consumatore, pensando ad un ambito categoriale nel quale ha un ruolo centrale e da leader. La situazione si complica negli altri livelli, quando il brand viene in mente soltanto attivandone il collegamento con uno stimolo parziale (ricordo aiutato), o quando la marca si riconosce solamente davanti a uno stimolo totale (riconoscimento). Ovviamente, un livello molto temuto dalle aziende si trova a un gradino ancora più sotto, nel punto in cui non si ha alcuna conoscenza o riconoscibilità della marca. Ma i pericoli in agguato non si limitano solamente a questo, e non essere ancora conosciuti non è la condizione peggiore nella quale è possibile rimanere intrappolati.

La Top of Mind è il punto più alto, che indica il massimo livello di notorietà per un brand, che viene immediatamente considerato come il migliore della sua categoria. Alla base della Top of Mind vi è un'associazione automatica nella mente del pubblico fra la marca e la categoria merceologica alla quale appartiene.

Utilizzando questi due parametri (l'awareness, il semplice ricordo, e Top of Mind, la massima notorietà di un brand), è possibile valutare la marca nel tempo di formazione dell'immagine di marca, ponendo sull'asse delle y l'awareness e T.O.M su quello delle ascisse (Fig. 2). Una marca importante cresce mantenendo elevati entrambi i valori.

L'aver creato un brand immediatamente richiamabile nella memoria di un consumatore è un buon traguardo, ma lo stesso "buon traguardo" diventa una tragedia quando il brand è molto lontano dall'essere il Top of Mind, malgrado abbia già raggiunto una buona fetta di consumatori: sarebbe infatti un brand noto, ma comunque di gran lunga inferiore a un altro brand ritenuto (il) migliore. In questo caso, le possibilità di recupero sono nulle e sarebbe più opportuno concentrare le proprie energie nella creazione di una nuova marca, invece di continuare a disperderle nel tentativo disperato, e con scarse probabilità di riuscita, di modificare un'immagine di marca già avviata e consolidata.

Posizionarsi con un brand nell'area in basso a sinistra potrebbe significare che il marchio è stato appena introdotto e che è ancora possibile lavorarci sopra: renderlo, attraverso la ripetizione, più riconoscibile, più conosciuto, con la speranza che arrivi a identificare il top in un secondo momento. **Quando l'immagine qualificata di marca non riesce velocemente a performare in termini di T.O.M. è su una brutta china e il marketing deve intervenire immediatamente.**

Se la memoria di un brand è un fattore molto collegato al denaro investito nelle strategie pubblicitarie e alla ripetizione delle iniziative promozionali, la concezione di Top of Mind nasce e si sviluppa attraverso l'ingegno.

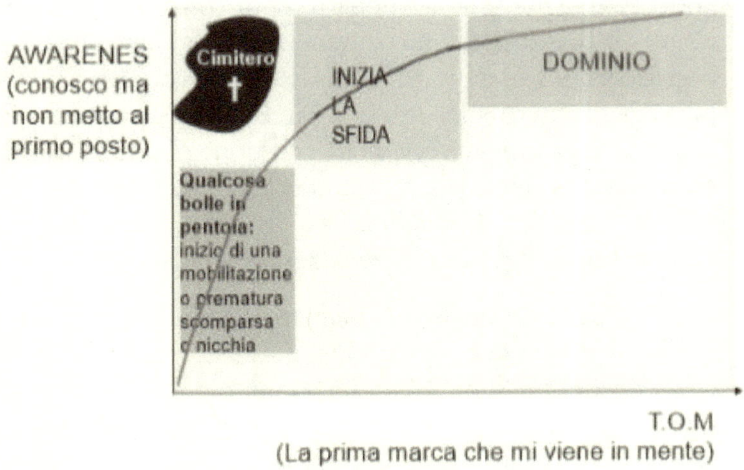

Fig. 2. Valutazione della marca nel tempo di formazione dell'immagine di marca, slide di Maurizio Mercurio, Lezione 3ter, 2008.

Per quanto riguarda l'ultimo costrutto analizzato in questo momento strutturale, la **brand resonance si interessa invece di cogliere i differenti aspetti della risposta del consumatore nei confronti del brand**: dal coinvolgimento alla tanto agognata fedeltà comportamentale, che porta con sé il desiderio dell'individuo di dimostrare la propria lealtà per il brand.

Negli anni sessanta, il periodo d'oro negli Stati Uniti volge al termine: la classe media ha già conosciuto la saturazione del mercato e il desiderio di acquistare prodotti nuovi inizia a esaurirsi. Siamo arrivati alla prima crisi economica, alla quale il marketing risponde con un orientamento alla vendita, all'azione, con il tentativo di convincere i consumatori a considerare i prodotti proposti. Soltanto in un secondo momento si è verificato, infine, il passaggio a un marketing più orientato al mercato, al cliente e a tutti gli altri attori del mercato stesso.

La prima a proporre una visione della marca di tipo relazionale, esplorativa e dinamica è stata Susan Fournier (1998), sostenitrice dell'esistenza di una relazione tra il brand e il partner, la cui qualità doveva essere particolarmente analizzata. La sua proposta portò al superamento della logica strutturalista della marca, in favore di un maggiore approfondimento sulla sua dimensione relazionale.

Già a partire dal 1958, Martineau aveva trovato tracce di dimensioni affini alla persona con riferimento all'azione dell'impresa nei punti vendita. Nel 1970 King sostenne che i consumatori sceglievano le marche come se dovessero scegliere un amico. Come abbiamo già visto prima, negli anni ottanta, si aggiunse alla corsa anche il pubblicitario Séguéla, parlando delle dinamiche dell'antropomorfizzazione del brand. Malgrado le basi fossero già presenti e solide, fu soltanto nel 1997 che il costrutto di persona venne realmente portato avanti da Jennifer Aaker, che definì **la personalità di marca come "l'insieme delle caratteristiche umane attribuibili al brand"**. Il modello teorizzato da Aaker, utilizzando un'analogia antropologica, descrive e misura la personalità e il profilo di una marca attraverso cinque dimensioni centrali, ciascuna divisa in una serie di aspetti: sincerità (semplice, onesta, sana, allegra), eccitamento (audace, animata, immaginativa, aggiornata), competenza (affidabile, intelligente, di successo), sofisticatezza (di categoria superiore, di charme) e natura rude (aperta, dura). La soluzione rappresentata presenta, però, alcuni difetti: le lacune metodologiche nel procedimento utilizzato per giungere a queste definizioni, la difficoltà di applicarle alle categorie di prodotto e la complessità nella traduzione, a seconda delle differenze culturalmente rilevanti.

La "natura rude", dall'originale "ruggedness" (strettamente legato al contesto americano), può essere intesa come forza, tenacia, ma anche come resistenza e l'essere selvaggio. Inoltre, la competenza non descrive un vero e proprio tratto di personalità, ma può diventarlo soltanto nel momento in cui una persona dimostra di avere sicurezza di sé. A questa psicologa, si deve comunque il merito di aver evidenziato e posto all'attenzione delle imprese l'associazione di tratti umani a un brand.

Nell'approccio relazionale, vengono indagati due ulteriori elementi: **il brand love, come "il grado appassionato di attaccamento emotivo che un consumatore soddisfatto prova verso un brand"** (Ahuvia e Carroll, 2006), e il **brand attachment**, l'evoluzione del precedente concetto, che implica un coinvolgimento ancora maggiore da parte del consumatore, tale da prevedere una resistenza alla revisione delle proprie convinzioni sullo stesso brand, con l'attribuzione propria di responsabilità, qualora il brand mostrasse performance più scarse del solito.

Dalla dimensione relazionale ha avuto luogo uno spostamento verso quella partecipativa. Se, dalle considerazioni di Susan Fournier, era stata svelata la capacità del brand di rendersi un interlocutore attivo nei confronti del consumatore, con il quale il brand instaura un rapporto singolare e personale; il progressivo avvicinarsi al nuovo paradigma partecipativo prevede un ulteriore passo del consumatore verso il brand: la sua partecipazione attiva alla definizione del valore della marca stessa. Il consumatore diventa così protagonista e cogeneratore di significati e associazioni alla marca.

Nell'approccio strutturalista, a guidare le redini della comunicazione è unicamente l'impresa, in grado di progettare e far realizzare delle reazioni di causa – effetto nel consumatore. Nell'approccio relazionale, si è visto, invece, che la comunicazione si è fatta via via bidirezionale: l'impresa continua a essere un passo avanti al consumatore, ma questo risponde dal punto di vista comportamentale ed emotivo. Nell'ultima dimensione, infine, **il consumatore** gioca un ruolo attivo, viene ingaggiato (**brand engagement**), richiamato all'azione, come se fosse un partner, e **si pone alla guida della comunicazione, accanto all'impresa.**

1.3. Il sistema di identità della marca

L'immagine di marca è un costrutto adatto a mappare la capacità dei consumatori di attribuire significati alla marca, che, per definizione, è un insieme di evocazioni che permettono di passare dal concetto di marchio a quello di marca stessa.

L'identità di una marca è ciò che l'impresa progetta e pensa di realizzare, il lato interno che viene proiettato verso l'esterno e si fa immagine. Dal punto di vista dell'azienda, si ha l'immagine ideale, ovvero la proiezione che spera di ottenere, vista dall'esterno. Se la stessa impresa riflette sull'immagine che crede di aver effettivamente trasmesso al consumatore, calandosi nei suoi panni, allora siamo nel campo dell'immagine riflessa. Dal punto di vista del consumatore, invece, si ha l'immagine reale, come l'impresa è realmente vista. Di conseguenza, **l'obiettivo finale è quello di far coincidere l'immagine reale, quella riflessa e quella ideale; di far coincidere, quindi, l'identità con l'immagine.**

Il consumatore, dotato di razionalità limitata, ha bisogno di organizzare efficientemente le associazioni in memoria di una marca, legandole tra loro e con altri contenuti. "Le associazioni di marca sono nodi informativi associati al nodo della marca, nella memoria, e contengono il significato del brand dal punto di vista del consumatore" (Keller, 1993). Le prime associazioni mentali che vengono in mente sono dette "associazioni primarie" e sono legate a filo doppio con quella centrale: la marca. Le associazioni che vengono in mente di riflesso a quelle primarie, sono dette "secondarie".

Gli attributi che l'impresa ricerca sono: la forza, quando l'associazione mentale è immediatamente richiamabile in memoria, e quindi primaria; la positività delle associazioni ad essa collegate, e l'unicità di tali attributi, in grado di rendere i prodotti proposti dall'impresa distintivi rispetto a quelli analoghi, ma offerti dalla concorrenza.

Per David Aaker (1991), **l'immagine di marca è quindi l'insieme delle associazioni mentali che ciascun individuo organizza in modo significativo per se stesso**. Essa può essere costituita da quattro differenti dimensioni, un ventaglio di possibilità nel quale ciascuna prospettiva non si sostituisce con un'altra, ma è comunque indispensabile fare una scelta tra queste perché non è possibile perseguire tutto.

La prima dimensione componente dell'immagine di marca considera la **marca come un prodotto**, attiene all'ambito dell'attività caratteristica dell'impresa: la sua funzione di produzione di un prodotto o di erogazione di un servizio. Le associazioni mentali potenzialmente abbinate a questa dimensione possono essere riconducibili ai seguenti ambiti: la gamma del prodotto, gli attributi del prodotto, le caratteristiche degli utenti e dei possibili utilizzi, il rapporto qualità – prezzo e il paese d'origine, con il richiamo del luogo in cui è stato originato il prodotto, in grado di conferirgli un valore aggiunto. La marca come prodotto nasconde al suo interno diverse insidie: è facile essere riconosciuti per gli attributi del prodotto offerto, ma è molto più complicato che si creino delle associazioni distintive e uniche.

La seconda dimensione del modello di Aaker si interessa alla **marca come organizzazione**, smette di concentrarsi solamente sull'output (su ciò che l'impresa propone), e amplia i suoi orizzonti verso ciò che c'è dietro la proposta di determinati prodotti, sull'organizzazione che è alle loro spalle, sui valori e sui principi guida che ne regolano la condotta e le strategie. In questa casistica, le associazioni mentali apparterranno quindi all'ambito degli attributi istituzionali, della natura locale o globale dell'organizzazione, con un riferimento, dunque, al suo raggio d'azione, in termini di mercati di sbocco e di gestione della filiera. Questa modalità è sicuramente più complessa da gestire, ma riesce ad assicurare la creazione di associazioni mentali molto più specifiche e distintive rispetto ai competitor.

La successiva dimensione, secondo la quale è possibile alimentare le associazioni mentali legate al brand, è quella della **marca come simbolo**. È qui che la marca viene considerata e riconosciuta in virtù del suo segno iconografico, che viene mantenuto nel tempo. All'interno della marca come simbolo, rientrano le associazioni mentali relative alle immagini e alle metafore visive (all'identità visiva: logo, font, pay-off), e l'eredità della marca, ovvero tutti i richiami alla vita passata dell'impresa nella sua identità visiva. In ogni caso, sono attributi decisamente distintivi, facili e disponibili nella mente del consumatore.

L'ultima prospettiva che tratteremo sarà, ai fini di questo elaborato, la più incisiva. Si tratta della **marca come persona**, che segue ed è coerente con la tendenza all'antropomorfizzazione del brand della quale si è già discusso. La marca è quindi vista, in questo caso, come un'entità alla quale rivolgersi, ricercando le caratteristiche delle persone che ne hanno animato la nascita. All'interno di questa dimensione, rientrano le associazioni mentali riferite ai tratti di personalità e al rapporto della marca con il cliente. Il primo ambito attiene alle caratteristiche antropomorfe che il consumatore attribuisce al brand. Per facilitare l'abbinamento di associazioni mentali di personalità al brand, molte imprese hanno incentrato la propria attività di comunicazione sul fondatore dell'impresa. Un esempio di questa eventualità è riscontrabile in Giovanni Rana, dove l'ideatore del prodotto, o della linea di prodotti, si è fatto il portavoce, il volto e il garante del prodotto (o prodotti) stesso/i, creando e proiettandovi delle caratteristiche che permarranno anche dopo la scomparsa e la dipartita della persona. I comportamenti del fondatore inducono il consumatore ad attribuirgli i tratti che Jennifer Aaker ha riassunto nelle cinque dimensioni di personalità (sincerità, eccitamento, competenza, sofisticatezza e natura rude). L'utilizzo di questa leva è molto efficace nell'alimentare una sovrapposizione fra il prodotto e la persona che l'ha pensato o che lo propone. Diverso è, invece, il discorso, se si parla dell'evocazione di tratti di personalità di un testimonial, di una persona scelta ad hoc per simboleggiare i tratti di personalità dell'utilizzatore tipo di quel prodotto. Il testimonial, o modello di ruolo esterno, non deve essere necessariamente un personaggio famoso, spesso è proprio la scelta di uno "sconosciuto" a rivelarsi la strategia vincente. Esistono tre criteri per la selezione di un testimonial: il fit di categoria, il fit di performance e il fit di immagine. Con il fit di categoria, si sceglie un testimonial che possa riflettere la stessa categoria di appartenenza (si sceglie Federica Pellegrini per rappresentare una nuova linea di costumi da bagno). Con il fit di performance, si opta per un testimonial che non ha necessariamente punti in comune né con la categoria e né con l'immagine del prodotto, ma, nella sua, di categoria, ha delle prestazioni ottime (come nel caso di Antonio Banderas che pubblicizzava i biscotti della Mulino Bianco). Infine, con il fit di immagine, si decide di investire su una persona che ha caratteristiche simili a quelle del brand o a quelle del target (Fastweb, veloce e frizzante come Valentino Rossi).

Il secondo ambito che interessa questa dimensione dell'immagine di marca riguarda infine il rapporto marca – cliente, un passo ulteriore rispetto alla dinamica di antropomorfizzazione del brand perché i suoi tratti di personalità vengono declinati in episodi di interazione con il consumatore, pronti a esibire il modo di porsi della marca nei confronti dei propri clienti: con cura e attenzione.

Nel mondo sportivo, si ritrovano numerosi esempi di quanto è stato appena spiegato: Michael Jordan, campione indiscusso di basket, ha firmato il suo primo accordo con Nike nel 1984. All'inizio della collaborazione, Michael Jordan era un semplice testimonial, un energizzatore esterno, abbinato iconograficamente per il fit di categoria e di performance. Inizialmente non alterava, infatti, le caratteristiche del prodotto, finché non si è inserito nella definizione e nella progettazione delle scarpe. Se in un secondo momento si è passati al proporre scarpe Nike modello Michael Jordan (non più un energizzatore esterno, ma un differenziatore che imprimeva caratteristiche particolari ai prodotti), dopo la creazione della marca Jordan (Fig. 3), nel 2000, questa ha acquisito la stessa rilevanza del master brand Nike, fino ad arrivare a ribaltare completamente la situazione iniziale: Jordan diventò il master brand e Nike il suo brand partner con funzione di differenziatore. Con l'allargamento ad altre discipline sportive e con le prime sponsorizzazioni, la linea Jordan è riuscita così a fare concorrenza anche alla casa madre.

Il successo riscosso dal brand è dimostrabile anche dai numeri generati sui social, accompagnati dalla creazione dell'hashtag #WeAreJordan. Un successo che, dopo la fine della carriera da cestista, non si è arrestato. Michael Jordan è riuscito a trasferire i suoi valori mitici in una marca divenuta essa stessa mitica; ad attrarre anche le persone che non hanno mai visto una sua partita di basket, ma che riconoscono la sua grandezza e il suo talento, e, magari, cercano di emularlo, indossando un paio di Air Jordan.

Fig. 3. Il logo Nike Jordan.

Alla stregua di quanto è capitato a Michael Jordan, Roger Federer, uno dei più grandi tennisti di tutti i tempi, ha creato una propria linea di abbigliamento: RF, inizialmente commercializzata sempre da Nike (fino al 2019). Dal 2020, dopo due anni di battaglia legale, ne è stata ribadita la reale paternità e Roger Federer è tornato a essere l'unico detentore del marchio.

In modo analogo, Francesco Moser, ex ciclista su strada, ha fatto della sua fabbrica di biciclette la naturale prosecuzione della sua carriera. Il 1984 ha segnato il suo ingresso nel mondo dei costruttori, con la bicicletta da cronometro, l'iniziatrice di una serie di bici fortunate per il marchio Moser.

Cosa hanno in comune questi tre personaggi? Semplice: ciascuno di loro ha sfruttato il proprio nome e l'ha utilizzato per costruire il proprio brand personale. Ciascuno di loro ha saputo lavorare sul proprio Personal Brand.

I segreti svelati in questo capitolo

Rivediamo insieme alcuni dei punti più interessanti che abbiamo analizzato in questo capitolo:

. La marca è un a priori positivo, un valore, un sistema di attese, un mondo di riferimento e una modalità di identificazione univoca dei prodotti, in grado di conferirgli dei significati distintivi.

. Ha un potere evocativo molto più amplio rispetto al marchio, che ha una funzione prettamente giuridica e segnaletica.

. Prodotto e marca sono le due facce della stessa medaglia, ma il prodotto serve a qualcosa, la marca significa qualcosa.

. Nel corso degli anni, la marca è stata studiata sotto tre differenti modalità: con un approccio strutturalista, con una visione della marca di tipo relazionale e con un paradigma partecipativo.

. Nell'approccio strutturalista, i costrutti analizzati sono stati: l'identità visiva (o immagine coordinata), la brand awareness (il grado di consapevolezza dell'esistenza del brand nella mente del consumatore) e la brand resonance (la risposta comportamentale del consumatore).

. Nella dimensione relazionale, l'analisi ha riguardato due ulteriori elementi: il brand love (il grado appassionato di attaccamento emotivo che un consumatore prova verso un brand) e il brand attachment (che prevede un coinvolgimento ancora più intenso da parte del consumatore).

. Con il paradigma partecipativo, l'attenzione si è spostata sul brand engagement, sull'ingaggio del consumatore, come partner prediletto dall'impresa.

. L’immagine di marca è l’insieme delle associazioni mentali che un individuo organizza in modo significativo per se stesso. Si forma per antropomorfizzazione e ha quattro dimensioni componenti: marca come prodotto, marca come organizzazione, marca come simbolo e marca come persona.

2. IL PERSONAL BRANDING E LA REPUTAZIONE ONLINE

1.1. Definizione: cos'è il Personal Branding

"Oggi Noi siamo un marchio, siamo un Brand, siamo qualcosa di più di una persona che ha rapporti stabili e solidi con un centinaio di persone, che saranno e rimarranno sempre per tutta la vita. Noi siamo di più dell'individuo che eravamo, siamo diventati un marchio, un veicolo di informazioni più o meno potente. (…) Se non ho limiti in quello che sono, in quello che posso diventare e in quello che potrò essere, significa che devo coltivare quello che sono. Questo è il Personal Branding, ovvero fare di noi stessi un marchio. Coltivare noi stessi e la percezione che gli altri hanno di noi."

Rudy Bandiera (2018)

Seguendo la classica definizione, più condivisa e gettonata su Internet: "il Personal Branding consiste nell'attività con la quale prima si consapevolizza e poi si struttura la propria marca personale", ovvero, è la comprensione e valorizzazione delle capacità personali attraverso le adeguate strategie di comunicazione, volte a raggiungere un pubblico interessato. Questa strategia di branding può essere ulteriormente definita come "**la capacità di promuovere se stessi**, al fine di essere graditi o appetibili nei confronti di una comunità di consociati, con modalità simili a quanto avviene in campo economico con i prodotti commerciali. A differenza di altre discipline di miglioramento personale, il Personal Branding suggerisce di concentrarsi oltre che sul valore anche sulle modalità di promozione."

Questo concetto è stato menzionato per la prima volta nel 1997 dall'imprenditore Tom Peters, CEO dell'azienda FastCompany e autore del testo "*The Brand Called You*", ("La marca chiamata te"), con l'intento di indicare, con questo termine, il talento e l'arte di saper costruire la propria marca personale.

Nel tempo, si è cessato, quindi, di associare la parola "brand" soltanto a una realtà aziendale, e si è iniziato a conferirle un valore più riferibile al singolo individuo. La barriera del prodotto come semplice oggetto fisico si è sostituita pian piano con l'immagine di una persona, dotata di competenze e capacità specifiche e uniche.

Il Personal Branding è l'unione tra la propria personalità e il problema al quale si trova una soluzione. Al centro, non c'è più soltanto ciò che si fa, ma c'è soprattutto ciò che si è, l'insieme delle proprie caratteristiche, delle emozioni e delle ambizioni.

La tua prestazione si materializza in te stesso/a, nella tua persona, nel tuo aspetto fisico, nel modo in cui ti relazioni con chi si rivolge a te, nel modo con il quale fornisci delle soluzioni ai tuoi clienti... e tutto questo rappresenta il contenitore dei tuoi servizi. Sei il primo testimonial dei tuoi prodotti, delle tue soluzioni. Sei tu, quindi, a creare un prodotto: te stesso/a, un prodotto con cui sarai valutato/a sulla base di differenti punti di vista.

Secondo Jeffrey Gitomer (2006), autore e coach di fama internazionale, alla gente non piace farsi vendere qualcosa, ma adora comprare. Se questo è vero, lo è altrettanto il fatto che le persone amano comprare da altre persone, dal momento che la ricerca delle relazioni è insita nella natura umana. Chi ha intenzione di esercitarsi nell'attività di Personal Branding ha l'urgenza di intercettare anche questo bisogno e di trasformarlo in un prodotto o in un servizio che possa portare la propria firma.

Per poter fare Personal Branding occorre dunque essere in grado di esercitare un'influenza positiva sulle persone, sfruttando al massimo la reputazione della quale si gode, la comunicazione, le proprie competenze e la capacità di rendersi più visibili e di instaurare delle relazioni durature nel tempo. In questo caso, **l'attività e chi la svolge sono due entità che si sovrappongono**, ed è evidente la necessità di presentarsi ai potenziali clienti come un prodotto da scegliere perché migliore degli altri offerti dalla concorrenza. Si sta quindi parlando di uno strumento che supporta la possibilità di accrescere il proprio business, di ampliare la propria rete di fiducia, puntando su se stessi e avviando una strategia per conoscere i propri punti di forza e poterli comunicare nel modo migliore al proprio target di riferimento.

Con un buon Personal Branding è possibile: mettere a fuoco le proprie motivazioni e comunicarle al meglio ai potenziali clienti, partner, o, in generale, pubblico; creare una comunicazione coerente e convincente; valorizzare, come già accennato, i propri punti di forza e le capacità salienti; comprendere davvero chi (e quali) sono i clienti ideali e come aiutarli; studiare prodotti e servizi su misura per loro; avere le idee chiare sull'evoluzione dell'attività; guadagnare meglio, vendendo alle persone adatte; fare marketing; identificare i problemi che si è in grado di risolvere con le proprie capacità; costruire una community di persone interessate; farsi trovare dai clienti giusti; creare un'immagine coordinata che rifletta l'attività selezionata e spiccare sui competitor.

Il Personal Branding non è, però, l'equivalente del social media marketing o del blogging. Non si tratta di venderti meglio, offrendo al tuo pubblico un'immagine illusoria e falsata di te, né si tratta di far percepire un valore aggiunto, che, in realtà, non esiste.

Il Personal Branding non è una persona in carne e ossa, ma è la sua proiezione, con l'insieme dei propri valori e comportamenti.

Inoltre, il fenomeno in questione non è una garanzia di successo assicurato, non rende in automatico famoso e popolare colui che prova ad attuarlo. È sì un mezzo che permette di raggiungere grandi risultati, ma soltanto se accompagnati da una buona dose di impegno sociale e da una buona gestione da parte dell'individuo che ne fa uso, dalla pianificazione al controllo sistematico.

In estrema sintesi, fare Personal Branding significa gestire in maniera strategica la propria immagine personale, ed **è la ragione per cui un cliente, un partner o un datore di lavoro decide di scegliere proprio te.** Per concludere, il Personal Branding è la combinazione del modo in cui tu ti descrivi agli altri, e del modo in cui gli altri ti descrivono.

2.2. Definizione: cosa si intende con "reputazione online"

La reputazione è stata definita da Shakespeare (1604) come "una veste effimera e convenzionale, guadagnata spesso senza merito e perduta senza colpa."

La reputazione è un fattore rilevante, così rilevante da poter essere ricondotta al primo frutto dell'essere umano, uno degli elementi di competitività più incisivi nell'attuale sistema economico (e non).

È rappresentata dalla proiezione pubblica di un insieme di caratteristiche socialmente condivise e stereotipate. È il risultato di un racconto, di un "reputation storytelling", che non si avvale soltanto dell'utilizzo delle parole. Non è mai buona o cattiva di per sé, ma lo è sempre per il tramite di un confronto con un ideale consolidato per un ruolo sociale, per una professione o per una condizione, presa a modello. È un'interfaccia con il mondo esterno, tutelata dalla legge, che coincide con la credibilità di un determinato soggetto all'interno di un gruppo sociale, e permette, inoltre, di essere utilizzata come riparo da possibili attacchi offensivi. Questa, però, non è universale: essere un imprenditore rinomato in una specifica parte del mondo non garantisce la stessa fama e la stessa stima altrove. Restiamo in una realtà culturalmente segmentata, per quanto Internet possa svolgere benissimo la funzione di farsi "finestra" sulle altre culture, è necessario continuare a considerare le opportune differenze fra queste. Lo stesso gesto potrebbe avere ripercussioni e percezioni differenti, a seconda di chi lo giudichi, apprezzi o disprezzi.

La reputazione online, o reputazione digitale, riguarda chiunque sia presente su Internet, dalla celebrità di Hollywood al ragazzo che ha appena attivato il suo profilo su Facebook, dall'influencer più in voga alla signora che utilizza i social solamente per svagarsi e passare un po' di tempo. Come nella vita reale, anche in rete ciascuno di noi ha una reputazione, capace di influenzare la qualità e la quantità delle relazioni di coloro con cui interagiamo. Socialmente, siamo quello che si dice di noi, che non sempre coincide con ciò che siamo realmente, ed è proprio ciò che non coincide che deve essere maggiormente curato. La reputazione, ancora una volta, non è ciò che pensi sul tuo conto, ma è piuttosto ciò che gli altri pensano riguardo al tuo conto, le percezioni che gli utenti del Web hanno di te. Avere una buona reputazione online ha delle ripercussioni dirette sull'aumento dei volumi di vendita. Se la si ha, si vende di più e si vende meglio. Aumentando le vendite e il fatturato, di conseguenza, cresce anche il vantaggio competitivo rispetto ai competitor.

Per avere un'idea generale sulla valutazione della propria reputazione online, potrebbe essere sufficiente, per iniziare, digitare il proprio nome su Google e analizzare i risultati che il motore di ricerca offre. Il professore Stefano Rodotà (2014), d'altro canto, affermava: **"Tu sei quello che i motori di ricerca dicono che sei."**

La situazione ideale si verifica, in modo abbastanza scontato, quando la propria reputazione digitale ti rispecchia, hai una buona presenza online e gli altri parlano bene di te. Non è una condizione di salvezza perenne, e non è comunque altrettanto scontato che questo significhi che potrai campare di rendita e ritenerti esente dall'apportare modifiche o dal continuare a coltivare dei rapporti di lunga durata. La reputazione è un processo in continua evoluzione, alla cui formazione partecipano diversi soggetti, e tutto questo supporta la tesi dell'impossibilità di costruirla a tavolino. Pianificarla è e sarà possibile, a patto, però, che la si continui a monitorare e che non si smetta di evolvere insieme a lei. È opportuno ricordare le parole dell'imprenditore Warren Buffett (2011) in merito: "Ci vogliono 20 anni per costruire una reputazione e

5 minuti per rovinarla. Se pensi a questo, farai le cose in modo diverso."

Qualora la situazione fosse diversa da quella auspicabile, e la propria presenza online fosse negativa o, in maniera ugualmente pericolosa, anonima, l'urgenza di un intervento sarebbe ancora più forte. Queste casistiche saranno riprese più nel dettaglio in un secondo momento.

In riferimento all'argomento visto in precedenza, il Personal Branding non coincide però con il concetto di reputazione. Quest'ultima consiste in una delle sue dimensioni e ne affianca altre, quali: la propria rete sociale, gli strumenti utilizzati per comunicare la propria identità, la fiducia generata nel proprio pubblico e la competenza.

Anche se spesso, erroneamente, "Personal Branding" e "reputazione" vengono utilizzati come due termini sinonimi tra loro, il primo riguarda l'influenza e costituisce una strategia di attacco al mercato, il secondo concetto, invece, è interessato all'approvazione da parte degli altri e la sua tattica è soprattutto difensiva.

2.3. Il Personal Branding nella storia e l'evoluzione nel tempo

Identificare la data di nascita di questo fenomeno risulta essere tutt'oggi molto complicato. Per alcuni studiosi, si tratta di un processo che esiste da sempre; per altri, invece, il suo inizio coincide con l'anno in cui Tom Peters (1997) coniò il suo termine: «You're branded, branded, branded, branded. (...). Everyone has a chance to learn, improve, and build up their skills. Everyone has a chance to be a brand worthy of remark», ("Sei marchiato, marchiato, marchiato. (…) Ognuno ha un'opportunità per imparare, migliorare e costruire le proprie abilità. Ognuno ha un'opportunità per essere un brand degno di nota").

Il concetto di branding, però, risale a molto tempo prima. Di self-branding e di brand individuale si è iniziato a parlare in un libro, scritto nel 1980 da Al Ries e Jack Trout: "*Positioning: The Battle for your Mind*", ("Posizionamento: la battaglia per la tua Mente"). All'interno di tale scritto, fu utilizzato per la prima volta il termine anglosassone "to brand" (in italiano, "marchiare") per evidenziare l'effetto che il brand deve avere nella testa delle persone, riprendendo il termine che veniva utilizzato per marchiare il bestiame, e, successivamente, per indicare i prodotti disponibili sui cataloghi.

Soltanto qualche anno più tardi, le aziende hanno iniziato a individuare al loro interno delle personalità di spicco e a investire su di loro. A poco a poco, le persone hanno acquisito sempre più valore e questo ha fatto sì che le imprese utilizzassero i dipendenti per promuovere prodotti e servizi.

Le origini del vero cambiamento risalgono al 1969, gli anni della guerra fredda, quando l'America e la Russia sovietica si stavano preparando davanti a un possibile olocausto nucleare. In quegli anni, venne sviluppata la prima rete all'avanguardia, precorritrice di Internet: ARPANET, che, all'epoca, connetteva solamente quattro università americane. Quando, successivamente, dei militari decisero di creare MILNET e di rendere libero l'accesso ad ARPANET, la tecnologia e la società fecero dei passi da gigante.

Con l'avvento del Web, hanno fatto la prima comparsa anche i siti personali, all'epoca statici. Come sappiamo, Internet ha guadagnato sempre più terreno, protagonista di una diffusione virale e irrefrenabile. Tra il 2004 e il 2005, lo sviluppo del Web 2.0 ha plasmato e modificato le relazioni e le comunicazioni tra gli individui. I media digitali hanno rapidamente cambiato i modi di fare business, portando con loro l'inevitabile trasformazione della gestione dell'identità (offline e online).

In passato, la sfera del giudizio e della conoscenza era di competenza della propria comunità e la valutazione degli attori e degli episodi che li vedevano come protagonisti era mediata dalla presenza di testimoni conosciuti. Danneggiare la propria reputazione, o subire una crisi reputazionale, era una tragedia, perché, da quel momento in poi, le parole e gli atti del soggetto diffamato perdevano di credibilità. Se prima il processo era circoscritto a una cerchia di conoscenti e negoziato con essi, adesso, con Internet, la questione sembra essersi amplificata (anche perché Internet registra ogni cosa e non ne dimentica nessuna!).

Con il suo avvento, sono cambiate le distanze, le modalità di interazione e le connessioni tra le persone… ma la reputazione resta un tesoro prezioso, e, oggi più di ieri, esige tutela, attenzione e protezione.

Il 14 luglio 2015, la Commissione per i diritti e i doveri relativi ad Internet, coordinata dal Professor Rodotà, ha presentato alla Camera dei Deputati la "Dichiarazione dei diritti in Internet", recitando: "**Internet ha contribuito in maniera**

decisiva a ridefinire lo spazio pubblico e privato, a strutturare i rapporti tra le persone e tra queste e le Istituzioni. Ha cancellato confini e ha costruito modalità nuove di produzione e utilizzazione della conoscenza. Ha ampliato le possibilità di intervento diretto delle persone nella sfera pubblica. Ha modificato l'organizzazione del lavoro. Ha consentito lo sviluppo di una società più aperta e libera. Internet deve essere considerata come una risorsa globale e che risponde al criterio della universalità."

Queste e altre dinamiche sono state teorizzate nel 1999 con le 95 tesi del "*The Cluetrain Manifesto*", scritte da Rick Levine, Christopher Locke, Doc Searle e David Weinberger. La traduzione italiana è a cura di Luisa Carrada. Ne riporterò a seguire la versione integrale per questione di diritti a livello mondiale, ma soprattutto perché ritengo ognuna di queste tesi molto interessante e meravigliosamente attuale, malgrado abbiano di gran lunga superato la maggiore età. Per semplificarti la lettura, evidenzierò in grassetto i punti che sono, a mio avviso, più cruciali ai fini del nostro discorso, e che presto, difatti, tratteremo (ciò non toglie che siano tutte, comunque, illuminanti):

1. I mercati sono conversazioni

2. I mercati sono fatti di esseri umani, non di segmenti demografici

3. Le conversazioni tra esseri umani suonano umane. E si svolgono con voce umana.

4. Sia che fornisca informazioni, opinioni, scenari, argomenti contro o divertenti digressioni, la voce umana è sostanzialmente aperta, naturale, non artificiosa.

5. Le persone si riconoscono l'un l'altra come tale dal suono di questa voce.

6. Internet permette delle conversazioni tra esseri umani che erano semplicemente impossibili nell'era dei mass media.

7. Gli iperlink sovvertono la gerarchia.

8. Sia nei mercati interconnessi che tra i dipendenti delle aziende intraconnessi, le persone si parlano in un nuovo modo. Molto più efficace.

9. Queste conversazioni in rete stanno facendo nascere nuove forme di organizzazione sociale e un nuovo scambio della conoscenza.

10. Il risultato è che i mercati stanno diventando più intelligenti, più informati, più organizzati. Partecipare a un mercato in rete cambia profondamente le persone.

11. Le persone nei mercati in rete sono riuscite a capire che possono ottenere informazioni e sostegno più tra di loro, che da chi vende. Lo stesso vale per la retorica aziendale circa il valore aggiunto ai loro prodotti di base.

12. Non ci sono segreti. Il mercato online conosce i prodotti meglio delle aziende che li fanno. E se una cosa è buona o cattiva, comunque lo dicono a tutti.

13. Ciò che accade ai mercati accade anche a chi lavora nelle aziende. L'entità metafisica chiamata "L'Azienda" è la solo cosa che li divide.

14. Le aziende non parlano con la stessa voce di queste nuove conversazioni in rete. Vogliono rivolgersi a un pubblico online, ma la loro voce suona vuota, piatta, letteralmente inumana.

15. Appena tra qualche anno, l'attuale "omogeneizzata" voce del business – il suono della missione aziendale e delle brochures – sembrerà artefatta e artificiale quanto il linguaggio della corte francese nel Settecento.

16. Le aziende che parlano il linguaggio dei ciarlatani già oggi non stanno più parlando a nessuno.

17. Se le aziende pensano che i loro mercati online siano gli stessi che guardavano le loro pubblicità in televisione, si stanno prendendo in giro da sole.

18. Le aziende che non capiscono che i loro mercati sono ormai una rete tra singoli individui, sempre più intelligenti e coinvolti, stanno perdendo la loro migliore occasione.

19. Le aziende possono ora comunicare direttamente con i loro mercati. Se non lo capiscono, potrebbe essere la loro ultima occasione.

20. Le aziende devono capire che i loro mercati ridono spesso. Di loro.

21. Le aziende dovrebbero rilassarsi e prendersi meno sul serio. Hanno bisogno di un po' di senso dell'umorismo.

22. Avere senso dell'umorismo non significa mettere le barzellette nel sito web aziendale. Piuttosto, avere dei valori, un po' di umiltà, parlar chiaro e un onesto punto di vista.

23. Le aziende che cercano di "posizionarsi" devono prendere posizione. Nel migliore dei casi, su qualcosa che interessi davvero il loro mercato.

24. Vanterie ampollose del tipo "Siamo posizionati per essere il primo fornitore di XYZ" non costituiscono un posizionamento.

25. Le aziende devono scendere dalla loro torre d'avorio e parlare con la gente con la quale vogliono entrare in contatto.

26. Le Pubbliche Relazioni non si relazionano con il pubblico. Le aziende hanno una paura tremenda dei loro mercati.

27. Parlando con un linguaggio lontano, poco invitante, arrogante, tengono i mercati alla larga.

28. Molti programmi di marketing si basano sulla paura che il mercato possa vedere cosa succede realmente all'interno delle aziende.

29. Elvis l'ha detto meglio di tutti: "Non possiamo andare avanti sospettandoci a vicenda".

30. La fedeltà a una marca è la versione aziendale della coppia fissa, ma la rottura è inevitabile ed è in arrivo. Poiché sono in rete, i mercati intelligenti possono rinegoziare la relazione con incredibile rapidità.

31. I mercati in rete possono cambiare fornitore dalla sera alla mattina. I lavoratori della conoscenza in rete possono cambiare datore di lavoro nel tempo dell'intervallo del pranzo. Le vostre "iniziative di downsizing" ci hanno insegnato a domandarci "La fedeltà? Cos'è?".

32. I mercati intelligenti troveranno i fornitori che parlano il loro stesso linguaggio.

33. Imparare a parlare con voce umana non è un gioco di società. E non può essere improvvisato a un qualsiasi convegno solo per darsi un tono.

34. Per parlare con voce umana, le aziende devono condividere i problemi della loro comunità.

35. Ma prima, devono appartenere a una comunità.

36. Le aziende devono chiedersi dove finisce la loro cultura di impresa.

37. Se la loro cultura finisce prima che inizi la comunità, allora non hanno mercato.

38. Le comunità umane sono basate sulla comunicazione – su discorsi umani su problemi umani.

39. La comunità della comunicazione è il mercato.

40. Le aziende che non appartengono a una comunità della comunicazione sono destinate a morire.

41. Le aziende fanno della sicurezza una religione, ma si tratta in gran parte di una manovra diversiva. Più che dai concorrenti, la maggior parte si difende dal mercato e dai suoi stessi dipendenti.

42. Come per i mercati in rete, le persone si parlano direttamente anche dentro l'azienda – e non proprio di regole e regolamenti, comunicazioni della direzione, profitti e perdite.

43. Queste conversazioni si svolgono oggi sulle intranet aziendali. Ma solo quando ci sono le condizioni.

44. Di solito le aziende impongono l'intranet dall'altro, per distribuire documenti sulla politica del personale e altre informazioni aziendali che i dipendenti fanno del loro meglio per ignorare.

45. Le intranet emanano noia. Le migliori sono quelle costruite dal basso da singole persone che si impegnano per dare vita a qualcosa di molto più valido: una conversazione aziendale in rete.

46. Una intranet in buona salute organizza i dipendenti nel più ampio significato del termine. Il suo effetto è più radicale di qualsiasi piattaforma sindacale.

47. Se questo spaventa a morte le aziende, è pur vero che esse dipendono fortemente dalle intranet aperte per far emergere e condividere le conoscenze più importanti. Devono resistere all'impulso di "migliorare" o tenere sotto controllo queste conversazioni in rete.

48. Quando le intranet aziendali non sono condizionate da timori o da un eccesso di regole, incoraggiano un tipo di conversazione molto simile a quella dei mercati in rete.

49. Gli organigrammi funzionavano nella vecchia economia, in cui i piani dovevano essere ben compresi da tutta la piramide gerarchica e dettagliati piani di lavoro potevano scendere dall'alto.

50. Oggi, l'organigramma è fatto di link, non di gerarchie. Il rispetto per la conoscenza vince su quello per l'autorità astratta.

51. Gli stili di management basati sul comando e sul controllo derivano dalla burocrazia e al tempo stesso la rafforzano. Il risultato sono la lotta per il potere e una cultura di impresa paranoica.

52. La paranoia uccide la conversazione. Questo è il punto. Ma la mancanza di conversazione uccide le aziende.

53. Ci sono due conversazioni in corso: una all'interno dell'azienda, l'altra con il mercato.

54. Nessuna delle due va bene, nella maggior parte dei casi. Quasi sempre, alla base del fallimento ci sono le vecchie idee di comando e controllo.

55. Come politica di impresa, queste idee sono velenose. Come strumenti, sono fuori uso. Comando e controllo sono visti con ostilità dai lavoratori della conoscenza e con sfiducia dai mercati online.

56. Queste due conversazioni vogliono parlare l'una con l'altra. Parlano lo stesso linguaggio. Si riconoscono l'un l'altra dalla voce.

57. Le aziende intelligenti si faranno da parte per far accadere l'inevitabile il prima possibile.

58. Se la volontà di farsi da parte è presa come parametro del quoziente di intelligenza, allora veramente poche aziende si mostrano rinsavite.

59. Seppur subliminalmente, milioni di persone sulla rete percepiscono ormai le aziende come strane finzioni legali che fanno di tutto perché queste due conversazioni non si incontrino.

60. Questo è suicidio. I mercati vogliono parlare con le aziende.

61. È triste, ma la parte di azienda con cui i mercati vogliono parlare è spesso nascosta dietro una cortina di fumo, il cui linguaggio suona falso – e spesso lo è.

62. I mercati non vogliono parlare con ciarlatani e venditori ambulanti. Vogliono partecipare alle conversazioni che si svolgono dietro i firewall delle aziende.

63. Sveliamoci e parliamo di noi: quei mercati siamo Noi. Vogliamo parlare con voi.

64. Vogliamo accedere alle vostre informazioni, ai vostri progetti, alle vostre strategie, ai vostri migliori cervelli, alle vostre vere conoscenze. Non ci accontentiamo delle vostre brochures a 4 colori, né dei vostri siti Internet sovraccarichi di bella grafica ma senza alcuna sostanza.

65. Noi siamo anche i dipendenti che fanno andare avanti le vostre aziende. Vogliamo parlare ai clienti diret-

tamente, con le nostre voci e non con i luoghi comuni delle brochures.

66. Come mercati, come dipendenti, siamo stufi a morte di ottenere le informazioni da un lontano ente di controllo.

67. Come mercati, come dipendenti, ci domandiamo perché non ci ascoltate. Sembrate parlare una lingua diversa.

68. Il linguaggio tronfio e gonfio con cui parlate in giro – nella stampa, ai congressi – cosa ha a che fare con noi?

69. Forse fate una certa impressione sugli investitori. Forse fate una certa impressione in Borsa. Ma su di noi non fate alcuna impressione.

70. Se non fate alcuna impressione su di noi, i vostri investitori possono andare a fare un bagno. Non lo capiscono? Se lo capissero, non vi lascerebbero parlare così.

71. Le vostre vecchie idee di "mercato" ci fanno alzare gli occhi al cielo. Non ci riconosciamo nelle vostre previsioni – forse perché sappiamo di stare già da un'altra parte.

72. Questo nuovo mercato ci piace molto di più. In effetti, lo stiamo creando noi.

73. Siete invitati, ma è il nostro mondo. Levatevi le scarpe sulla soglia. Se volete trattare con noi, scendete dal cammello.

74. Siamo immuni dalla pubblicità. Semplicemente dimenticatela.

75. Se volete che parliamo con voi, diteci qualcosa. Tanto per cambiare, fate qualcosa di interessante.

76. Abbiamo qualche idea anche per voi: alcuni nuovi strumenti, alcuni nuovi servizi. Roba che pagheremmo volentieri. Avete un minuto?

77. Siete troppo occupati nel vostro business per rispondere a un'e-mail? Oh, spiacenti, torneremo. Forse.

78. Volete i nostri soldi? Noi vogliamo la vostra attenzione.

79. Interrompete il viaggio, uscite da quell'autocoinvolgimento nevrotico, venite alla festa.

80. Niente paura, potete ancora fare soldi. A patto che non sia l'unica cosa che avete in mente.

81. Avete notato che di per sé i soldi sono qualcosa di noioso e a una sola dimensione? Di cos'altro possiamo parlare?

82. Il vostro prodotto si è rotto. Perché? Vorremmo parlare col tipo che l'ha fatto. La vostra strategia aziendale non significa niente. Vorremmo scambiare due parole con l'amministratore delegato. Che vuol dire che "non c'è"?

83. Vogliamo che prendiate sul serio 50 milioni di noi almeno quanto prendete sul serio un solo reporter del Wall Street Journal.

84. Conosciamo alcune persone della vostra azienda. Sono piuttosto bravi online. Ne nascondete altri, di bravi? Possono uscire ed entrare in gioco anche loro?

85. Quando abbiamo delle domande, ci cerchiamo l'un l'altro per le risposte. Se non esercitaste un tale controllo sulle "vostre persone", sarebbero anche loro tra le persone che cercheremmo.

86. Quando non siamo occupati a fare il vostro "mercato target", molti di noi sono le vostre persone. Preferiamo chiacchierare online con gli amici che guardare l'orologio. Questo farebbe conoscere il vostro nome molto di più del vostro sito Internet da un milione di dollari. Ma siete voi a dirci che è la Divisione Marketing che deve parlare al mercato.

87. Ci piacerebbe che sapeste cosa sta succedendo qui. Sarebbe davvero molto bello. Ma sarebbe un grave errore pensare che ce ne stiamo con le mani in mano.

88. Abbiamo di meglio da fare che preoccuparci se riuscirete a cambiare in tempo. Il business è solo una parte della nostra vita. Sembra essere invece tutta la vostra. Pensateci: chi ha bisogno di chi?

89. Il nostro potere è reale e lo sappiamo. Se non riuscite a vedere la luce alla fine del tunnel, arriverà qualcuno più attento, più interessante, più divertente con cui giocare.

90. Anche nel peggiore dei casi, la nostra nuova conversazione è più interessante della maggior parte delle fiere commerciali, più divertente di ogni sitcom televisiva, e certamente più vicina alla vita di qualsiasi sito web aziendale.

91. Siamo leali verso noi stessi, i nostri amici, i nostri nuovi alleati, i nostri conoscenti, persino verso i nostri compagni di battute. Le aziende che non fanno parte di questo mondo non hanno nemmeno un futuro.

92. Le aziende stanno spendendo miliardi di dollari per il problema dell'Anno 2000. Come fanno a non sentire la bomba a orologeria nei loro mercati? La posta in gioco è persino più alta.

93. Siamo dentro e fuori le aziende. I confini delle nostre conversazioni sembrano il Muro di Berlino di oggi, ma in realtà sono solo una seccatura. Sappiamo che stanno crollando. Lavoreremo da entrambe le parti per farle venire giù.

94. Alle aziende tradizionali le conversazioni online possono sembrare confuse. Ma ci stiamo organizzando più rapidamente di loro. Abbiamo strumenti migliori, più idee nuove, nessuna regola che ci rallenti.

95. Ci stiamo svegliando e ci stiamo linkando. Stiamo a guardare, ma non ad aspettare.

Anche se i suggerimenti insiti in queste 95 tesi erano stati rivolti, in passato, alle aziende che non erano in grado di dare ascolto ai mercati, vedremo insieme in che modo potrebbero, oggi, rivolgersi anche alla singola persona. Alla persona, che, desiderosa di aumentare le proprie opportunità di business, tenta la via del Personal Branding. Alla persona che deve parlare con il proprio pubblico, utilizzando il suo stesso linguaggio e coltivando con questo delle relazioni durature e stabili. A te.

Il cambiamento più drastico, infine, non è nelle tecniche di marketing o nella pubblicità, ma nella presa di coscienza che i nuovi media hanno smesso di essere a senso unico, che non si tratta più di televisione, di manifesti o di quotidiani. I media digitali, non più monodirezionali, hanno avuto l'effetto rivoluzionario di dare voce a tutti coloro che riescono, possono e vogliono esprimersi.

Già con l'indagine Censis del 2011-2013 è stato dimostrato che un'altissima percentuale (43,2%) di cittadini usa Internet per trovare informazioni su aziende, prodotti e servizi. L'utilizzo di Internet come strumento di consulenza per gli acquisti è un fatto di estrema importanza. Se la pubblicità diretta, lentamente ma inesorabilmente, sta attraversando una fase di mutamento funzionale; il marketing indiretto, simulando il comportamento dei consumatori nel quotidiano, sta trovando nuovi spazi sul Web.

Malgrado si ritenga che il Personal Branding esista da sempre, mai come oggi risulta essere un tema tanto attuale. I social sembrano infatti rappresentare una lente di ingrandimento per il concetto in questione... ma, adesso che disponiamo di lenti di ingrandimento, come lo "guardiamo" in Italia? In che modo viene considerato?

Se, nel settembre 2011, con la ricerca realizzata dall'agenzia Ambito5 e dal social network professionale Viadeo, i dati non erano estremamente rincuoranti (il 39% degli intervistati credeva che il Personal Branding fosse un lavoro, seguito dal 28%, che riteneva il termine l'equivalente di una sfida); adesso, nel 2020, la difficoltà di imbattersi in dati più aggiornati o in ricerche recenti dimostra e accentua il deficit rilevato nove anni fa: il tema del Personal Branding continua a essere poco trattato e conosciuto in Italia. Molte delle persone che ne hanno sentito parlare, continuano ad associarlo ad ambiti differenti, tra confusione e contraddizioni. Il fenomeno, allora come adesso, deve essere ancora ampliamente chiarito, dimostrandone concretamente l'effettiva validità.

2.3.1. Il nuovo consumatore: dal prosumer al consumatore cinico

Per tantissimo tempo gli economisti hanno dato per scontato che il consumatore dovesse essere considerato una sorta di sovrano, dotato di un potere consistente rispetto alle imprese. La realtà, però, è diversa: il potere nelle sue mani era piuttosto debole, ed egli, almeno precedentemente, si limitava a ricoprire il ruolo del consumatore passivo, vittima delle scelte effettuate dalle imprese.

Soltanto negli anni più recenti, questo personaggio ha acquisito un'influenza e un'autorità maggiore, grazie anche all'effetto dell'azione esercitata dalla grande distribuzione, che ha incrementato le sue dimensioni fino a rappresentare un "terzo potere". Internet è stato però, ancora una volta, il principale responsabile del mutamento nella figura del consumatore, che si è fatto maggiormente competente e consapevole della crescita dell'importanza del suo ruolo.

Karl Marx (1859) è stato il primo autore a ipotizzare la possibilità che il consumatore potesse svolgere un ruolo attivo all'interno del sistema economico, attribuendo alla merce il carattere di "finish", di conclusione necessaria del suo ciclo di valorizzazione del capitale. Negli anni sessanta e settanta, la Scuola di Birmingham ha ripreso questa visione produttiva, introdotta da Marx.

Oggi, il consumatore riveste un ruolo centrale all'interno dei processi produttivi, e questo è stato permesso anche da un cambiamento profondo a livello sociale, che ha visto la cultura alta e quella bassa confondersi fra loro, fino a renderne complicata una netta distinzione. Gli individui possono adesso costruire in prima persona ciò che consumano o partecipare alla produzione delle esperienze che li coinvolgono. Il loro ruolo e ancora più vasto, se si pensa anche all'ambito relazionale, che permette loro di contribuire anche alla produzione dell'immaginario collettivo.

Il lavoro del singolo consumatore si estende anche a livello individuale: nel tempo libero, si monta i mobili che ha comprato da Ikea, si serve ciò che ha ordinato in un fast food, si prenota una vacanza su Internet (questo era ancora più vero in tempi Covid free, purtroppo) … e fa tutto questo consentendo alle imprese di ridurre i propri costi.

Il futurologo Alvin Toffler (1980), nel volume "*La terza ondata*", aveva teorizzato l'avvento nella realtà sociale della figura del "prosumer", termine coniato a partire dalla fusione di "producer" e "consumer", di produttore e consumatore. Le aziende, però, non si limitano soltanto a chiedere alle persone di contribuire alla produzione di prodotti o servizi, ma consegnano loro anche una buona parte delle attività lavorative più importanti: quelle strategiche e quelle promozionali, chiedendo al consumatore un contributo per ideare o progettare un nuovo prodotto e usufruendo di un "cervello collettivo", presente nella rete.

Un ulteriore compito al quale l'individuo adempie inconsapevolmente riguarda il momento nel quale consuma un prodotto: ogni sua scelta di mercato lascia delle tracce informatiche, che trasferiscono informazioni al sistema produttivo, permettendogli di "aggiustare il tiro" e di aggiornare le proprie strategie. A livello più consapevole, il consumatore è un'ottima risorsa anche per quanto riguarda la sua possibilità di promuovere dei prodotti o dei servizi attraverso il "passaparola" (Word of Mouth o WOM). Una delle più potenti forme di promozione di un prodotto, o di una marca, è sempre stato il suggerimento di un amico. È la fiducia concessa al soggetto interpellato che proietta sul suggerimento qualcosa che il prodotto o il brand non ha in sé. Il nuovo consumatore dà già per assodato che la pubblicità provi a convincerlo della bontà del prodotto e che il produttore farebbe di tutto per invogliarlo a seguire i suoi consigli, ma il suggerimento di un amico ha un potere molto meno persuasivo (o, perlomeno, non ne ha l'apparenza).

Tra l'impresa e il consumatore si sta quindi consolidando una situazione di commistione: l'impresa ne approfitta e chiede all'altro di svolgere parte del suo lavoro, il consumatore è soddisfatto perché si sente utile, può mettersi alla prova, può coltivare una passione, imparare qualcosa di nuovo, ottenere riconoscenza e/o migliorare la propria reputazione.

Un concetto principale dei nuovi modelli di relazione è quindi quello della disintermediazione, dell'eliminazione dei filtri tra il produttore e il consumatore.

C'è, però, un altro aspetto da considerare: il consumatore, prima di diventare acquirente, è anche e soprattutto un membro della società, di una comunità, con capacità di influenza verso gli altri. Vuole il controllo totale dei suoi acquisti, dà per scontato che l'azienda voglia fargli credere qualcosa per vendergli qualcosa.

L'abuso che si è fatto della pubblicità ha fatto emergere nel destinatario un senso di sfiducia marcato. I nuovi consumatori sono figli di quella stessa pubblicità, per questo la diffidenza che hanno accumulato negli anni li induce a indagare sulla veridicità di quello che vedono, ascoltano, leggono.

Sir Martin Sorrell (2013), ex CEO e fondatore di WWP, ha introdotto il concetto di un nuovo tipo di consumatore, collocabile in un "occidente economico": il cinico, che si oppone all'ottimista dei paesi emergenti (in particolare del Bric: Brasile, Russia, India e Cina), che non vede l'ora di andare a comprare qualsiasi merce gli venga proposta dalla pubblicità, anche a costo di indebitarsi a più non posso. L'autore pone l'accento sul profilo più attento dell'utente occidentale. Il presupposto è che la pubblicità è ingannevole e che deve esserlo per restare a galla, per non affondare. Il nuovo utente/consumatore emergente è attivo nel processo: si informa, legge, domanda, critica, partecipa e contribuisce alla costruzione della reputazione della marca o del singolo prodotto. **La marca, più che parlare, dovrebbe ascoltare, utilizzare i suoi clienti come consulenti.**

I segreti svelati in questo capitolo

. Il Personal Branding è il fenomeno attraverso il quale si consapevolizza e si struttura il proprio Personal Brand.

. I prerequisiti per potersi dedicare a questa strategia sono: essere dotati di una buona capacità di influenza positiva sugli altri, della capacità di instaurare delle relazioni stabili nel tempo, di un'ottima abilità comunicativa e di una discreta conoscenza degli strumenti che si utilizzeranno per promuovere la propria attività.

. I vantaggi consistono nella possibilità di ampliare la propria rete di fiducia, vendendo meglio e alle persone giuste, di scovare nuovi bisogni da soddisfare e nuovi canali per farlo, aumentando così il proprio business.

. La reputazione online equivale a ciò che gli altri pensano sul tuo conto. Interessa chiunque sia presente su Internet. Avere una buona reputazione online ha delle conseguenze dirette sull'aumento dei volumi di vendita e del proprio vantaggio competitivo.

. Il Personal Branding è una strategia d'attacco, la reputazione online è una tattica difensiva.

. È complicato individuare la data di nascita di questo fenomeno perché per alcuni autori è sempre esistito, mentre per altri la sua origine risale al 1997. È assolutamente più intuitivo dedurre che la sua evoluzione si sia verificata dopo l'avvento del Web 2.0, tra il 2004 e il 2005, con lo sviluppo dei social media, l'ambiente più favorevole per costruire e alimentare un Personal Brand.

. Nel passato, il ruolo del consumatore era minore e subordinato alle scelte dell'impresa. Dal 1980, si inizia a parlare di "prosumer", data l'imminente disintermediazione e la sempre più frequente co-partecipazione tra il produttore e il consumatore. Dal 2013, Martin Sorrell supera questa visione, proponendo l'immagine del consumatore cinico, diffidente nei confronti della pubblicità e in grado di informarsi e di partecipare attivamente alla costruzione della reputazione della marca.

3. PERSONAL BRANDING E SOCIAL MEDIA

3.1 Definizione: Social Network e Social Media

"La gente condivide, legge e interagisce di più con i contenuti forniti da persone che conosce e di cui si fida."

Malorie Luchich (2017)

Il Web 2.0 e i social media costituiscono l'ambiente più favorevole per poter coltivare e alimentare il proprio Personal Brand. A rendere popolare il termine "Web 2.0" è stato l'editore Tim O' Reilly (2004), ribadendo il cambiamento del Web, ormai non più circoscritto nei limiti di una semplice applicazione software, ma diventato una piattaforma sulla quale far funzionare un'applicazione software. Tecnologicamente, però, non sussistono differenze sostanziali fra il Web e il Web 2.0, anche se è idea comune considerare il primo come un insieme statico di documenti, e il secondo come un ambito di sviluppo e di utilizzo di strumenti per collaborare e condividere risorse tra utenti. Nel Web 2.0, le applicazioni si sono fatte sempre più social: dai blog ai social network, dalle chat ai mash-up. Lo scenario social si è animato di incredibili e numerosi strumenti. Rispetto a una decina di anni fa, è stato totalmente rivoluzionato il modo di comunicare, condividere e socializzare.

Come hanno sottolineato le ricercatrici americane Danah Boyd e Nicole Ellison (2007), le caratteristiche indispensabili al fine di definire un social network sono tre: la presenza di uno "spazio virtuale" (forum), nel quale l'utente può costruire e mostrare il suo profilo; la possibilità di creare una lista di altri utenti (rete), e la possibilità di analizzare le caratteristiche della propria rete, come, per esempio, le connessioni degli altri.

Il social network è una rete sociale costituita da utenti che condividono passioni e interessi comuni. Rappresenta un reticolo di persone, le comunità social 2.0, rese possibili dai social media, che permettono di creare una community online. La definizione ufficiale riportata da Centenaro e Sorchiotti (2010) identifica i social network come un "ambiente di relazione online generato da un database, nel quale sono raccolti i profili delle persone e che permette agli iscritti di entrare in contatto sulla base di interessi comuni."

Il social media (da "medium", che in latino significa "mezzo") è lo strumento, l'app o il software fisico, mentre il social network è rappresentabile, quindi, dalle persone che utilizzano il social media per creare la propria rete. È, dunque, un modo per condividere dei contenuti con un vasto pubblico.

La storia dei social network ha attraversato tre fasi evolutive: all'origine, si creavano delle reti sociali chiuse, accessibili solo su invito di un utente già iscritto. Nella fase di maturazione, l'iscrizione alle reti sociali divenne libera e aperta a tutti. L'ultima fase, quella espressiva, è quella che stiamo vivendo anche noi, nella quale i social network permettono di gestire tutti gli aspetti dell'esperienza personale in rete, dalle relazioni con gli altri contatti all'espressione della propria persona.

Il primo social network, Sixdegrees, è stato creato da Andrew Weinreich nel 1997 e aveva lo scopo di combinare incontri sentimentali, senza imbattersi nel rischio delle false identità.

Risulta chiaro che, negli anni, questi servizi del Web 2.0 hanno conquistato un'enorme popolarità, in un ambito ludico ma anche e soprattutto in ambito lavorativo. Molte aziende hanno investito sulla digital transformation per introdurre nuove tecnologie e poter quindi rimanere al passo coi tempi. Il potenziale di questi strumenti può essere di grande aiuto all'utente che ha intenzione di comunicare il proprio brand personale nella rete, così tanto che Luigi Centenaro (2010), fondatore di BigName, li considera "il doping del Personal Branding".

Selezionare il, o i, social che possa (o possano) essere il più possibile utile alla tua attività è un'impresa tutt'altro che semplice. Il seguente grafico (Fig. 4) riporterà i dati aggiornati ed elaborati da Vincenzo Cosenza (2019) sugli utenti mensili, che, in Italia, utilizzano i social media, con la speranza di chiarire, anche con i successivi paragrafi, quale potrebbe essere lo strumento più idoneo a seconda delle tue esigenze personali.

Social Media	Utenti mensili in Italia	Fonte
Facebook	35.900.000	Audiweb
YouTube	36.100.000	Audiweb
Instagram	27.000.000	Audiweb
LinkedIn	18.700.000	Audiweb
Twitter	10.200.000	Audiweb
Pinterest	16.600.000	Audiweb
TikTok	3.600.000	Audiweb
Tumblr	2.000.000	Audiweb
Snapchat	2.700.000	Audiweb

Fig. 4. Vincenzo Cosenza, da Vincos Blog, Osservatorio Social media, 2019.

3.1. Facebook, l'importanza della relazione

Facebook è un servizio di rete sociale lanciato nel 2004 da Mark Zuckerberg, Eduardo Saverin, Andrew McCollum, Dustin Moskovitz e Chris Hughes. Il sito era originariamente stato progettato con il fine di essere utilizzato esclusivamente dagli studenti dell'Università di Harvard, ma, come sappiamo bene, dal giugno 2013 è diventato il sito web più visitato al mondo, superando anche Google. Oggi è il social a cui quasi la metà degli italiani è iscritto, un luogo dove conoscere nuove persone, dove discutere, socializzare e dove potersi distrarre. Parteciparvi richiede la registrazione con l'inserimento di alcune informazioni personali, come l'indirizzo di posta elettronica, il sesso, la data di nascita, ecc... più l'aggiunta di contenuti multimediali, quali la foto del profilo. In seguito alla registrazione, l'utente diventa "visibile" e può entrare a far parte di comunità o crearne di nuove, attraverso una doppia operazione di richiesta e di conferma.

Facebook è un sistema nel quale vengono generalmente premiate la leggerezza e la relazione. Chi preferisce utilizzare questa piattaforma ha raramente la predisposizione ad accogliere contenuti professionali (come vedremo, più frequenti e pertinenti su LinkedIn) o seri. Anche se questo, a mio avviso, non è sempre vero. Per la mia esperienza personale, infatti, la relazione ha, nell'ordine delle priorità, la meglio sulla leggerezza: un post lungo, una disamina infinita o una denuncia sociale, non sempre spaventa, se a leggerlo è qualcuno che davvero tiene a te, e ci tiene a capire per quale ragione tu abbia scritto tanto. Per quanto mi riguarda, i risultati migliori, in termini di interazioni e di reazioni scatenate, li ho ottenuti con la condivisione di sfoghi interminabili, che mai avrei pensato potessero essere letti, condivisi e commentati da tante persone. Nell'immagine a seguire (Fig. 5), ti mostro un esempio recente, ripreso dal mio profilo personale di Facebook. Ero abbastanza (anche un po' più di abbastanza) arrabbiata. In occasione della mia laurea magistrale, ho postato una fotografia (sì, lo so, le infradito erano pessime, ma giuro di aver indossato scarpe migliori subito dopo lo scatto) e ho scritto uno sproloquio classico su quanto gli studenti universitari siano stati dimenticati, durante l'emergenza sanitaria che stiamo vivendo. Un post, con visibilità limitata solamente ai miei contatti, di una lunghezza imbarazzante. Un post, che, però, ha registrato 151 reactions (principalmente cuori e abbracci) e 155 commenti (non parliamo ovviamente di chissà quali numeroni, ma, a livello di interazioni, siamo molto al di sopra della normalità che riguarda me e il mio profilo). Hanno commentato persone a me vicine, persone che non sentivo da anni, colleghi universitari che hanno condiviso le mie parole e utenti che volevano semplicemente mostrarmi vicinanza e solidarietà. Perché? Malgrado il tutto sia stato scritto di getto, senza l'intenzione di "spopolare" o di passare per la vittima della situazione, mi sono presentata come qualcuno che ha patito un torto, come qualcuno che si è fatto portavoce di un'ingiustizia subita da tanti altri, ma denunciata da pochi. Torneremo su questo punto anche nel capitolo che sarà dedicato alla gestione della reputazione. Tutto questo per dirti che, **a prescindere dagli strumenti che deciderai di utilizzare, i social ti offrono un palcoscenico, ma sei tu a scegliere cosa comunicare al tuo pubblico, quanto mostrarti umano e come coinvolgerlo. Sei tu a raccontargli una storia**. Abbiamo appena iniziato a elencare le nozioni e le caratteristiche di questi supporti, ma ricorda sempre di contestualizzarli sulla base del tuo target di riferimento e del personaggio che vuoi che ti sia costruito addosso. Non avere paura di sperimentare, di andare contro a tutto ciò che "generalmente" sembra essere differente. È assolutamente lecito procedere per tentativi, cercare di capire cosa interessa e cosa piace maggiormente agli utenti che ti seguono.

Fig. 5. Un mio (lunghissimo) post, più che serio, ma ugualmente capace di attirare l'attenzione su Facebook.

Tornando alla piattaforma, questa si consolida e permette di realizzare degli scambi attraverso la possibilità di lasciare "like" o "reactions" (dalla faccina arrabbiata al cuore o all'abbraccio), di commentare e condividere sul proprio profilo o altrove.

Riprendendo le rilevazioni di Vincenzo Cosenza (2017), in Italia, il 53% degli utenti di Facebook ha più di 35 anni, con un aumento nella fascia di iscritti oltre i 45-55 anni e una diminuzione del 5% nella percentuale dei giovani fino a 18 anni, con una prevalenza generale di pubblico maschile. Devo fare "coming out": è anche il mio social preferito (probabilmente perché, ahimè, sono molto meno giovane di quanto dovrei essere!).

In questo ambiente, è possibile distinguere tra "profilo utente" e "pagina": il primo ha una valenza strettamente personale, ed è legata alla pagina nella quale si riuniscono le amicizie più strette e si mantengono le relazioni più forti. La seconda, la pagina vera e propria, risente meno delle limitazioni del profilo utente. È possibile, infatti, avere un numero illimitato di "sostenitori" che seguiranno i post pubblicati, dopo aver messo il "like". In una pagina, si possono programmare i post e temporizzarli a un orario o a una data futuri, monitorare gli insights e i dati statistici delle persone raggiunte, delle interazioni con i post o con la pagina in generale (Fig. 6); ed è inoltre consentito decidere di sponsorizzare un contenuto (di "metterlo in evidenza"): di destinare una quota, più o meno irrisoria, e di predisporla su una o più giornate, in modo da comprare più visibilità e generare più traffico (Fig. 7 e Fig. 8). Tutto ciò è ovviamente possibile selezionando e scegliendo il target di interesse. In tutti gli spazi disponibili è permesso aggiornare il proprio stato, pubblicare fotografie, video o storie (contenuti multimediali visibili per massimo 24 ore dal momento della pubblicazione), creare eventi e condividere link. Prima di cliccare su "Pubblica", si può selezionare la privacy, decidendo di rendere visibile il post a chiunque su Facebook (e quindi di renderlo pubblico), soltanto ai propri contatti, ai propri contatti eccetto qualcuno da escludere singolarmente, oppure, ancora, solamente a persone specifiche. Quando si condivide un post direttamente dal proprio blog personale (torneremo presto sull'argomento), è consigliabile non limitarne la visibilità per favorirne l'ulteriore ricondivisione.

Fig. 6. Dati statistici di una pagina Facebook (la mia) per il periodo di tempo selezionato: 2-29 settembre 2020.

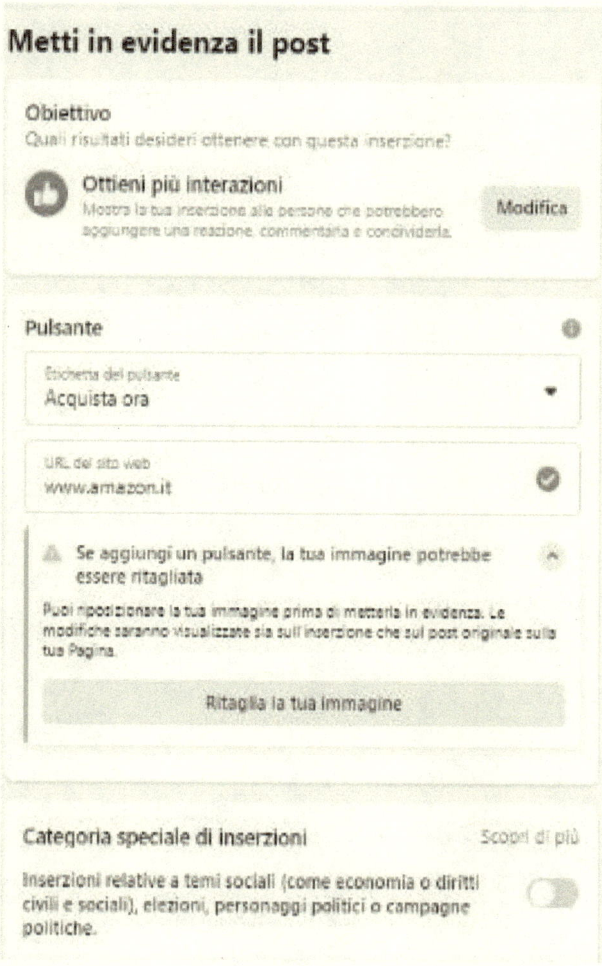

Fig. 7. Metti in evidenza il post creando un'inserzione.

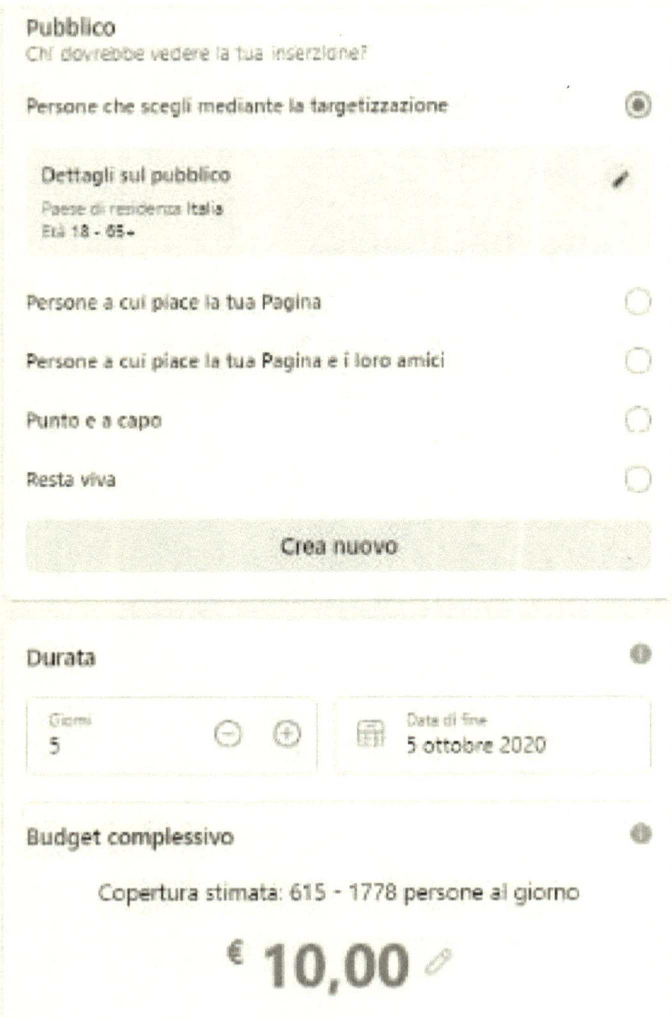

Fig. 8. Seleziona il tuo obiettivo e il pubblico, definendo un budget e la durata della sponsorizzazione.

Altri servizi presenti su Facebook sono: la social presence, che permette di comunicare, seppur in modo non invasivo, la propria presenza online ad altre persone ("Attivo/a ora", il pallino verde su Messenger), comunicando inoltre anche l'eventuale piattaforma su cui ci si trova (come, ad esempio, "Mobile"); l'Instant Messaging (con l'appena citato Messenger), il tagging, ovvero la possibilità di etichettare delle risorse (da un luogo al volto di un amico); e la Web syndication, o Web feed, un formato di dati utilizzato per segnalare agli utenti gli aggiornamenti di risorse web (blog, siti web o amici nei social). Questo punto sarà ripreso nel seguente paragrafo.

3.2.1. Il sistema del news feed

Quando ti colleghi al tuo profilo su Facebook, la parte centrale della pagina, la bacheca (o la "Home"), ti mostra immediatamente storie, foto, video, commenti e like delle persone con cui sei connesso/a, una lista di contenuti apparentemente casuale, ma gestita da un algoritmo che li organizza sulla base di alcune variabili di rilevanza. Quattro fattori determinano il risultato di questi aggiornamenti automatici: l'inventario, i segnali, le previsioni e il punteggio complessivo. **L'inventario** è dove Facebook analizza i contenuti presenti nel network (sia nel proprio network personale e sia al di fuori di esso). **I segnali** riguardano le caratteristiche di un determinato post. Analizzando i segnali e cercando di capire quali possano essere quelli così cruciali da rendere un post di successo, **le previsioni** determineranno la probabilità reale che un post sia di tuo gradimento. Se hai apprezzato un video di ricette, apparso di recente nel tuo feed, è possibile che Facebook tornerà a proportene di nuovi. Tutti questi elementi e queste considerazioni portano a un **punteggio** complessivo: più questo è alto, più è facile che venga mostrato sulla Home.

Alcuni aspetti ugualmente importanti, che interessano le modalità con cui questo algoritmo lavora, sono: **l'affinità**, che viene dedotta dall'algoritmo in funzione dei like che vengono lasciati e delle interazioni che si hanno con un determinato amico. Maggiori sono le interazioni con lui, più probabile sarà intercettare spesso le notizie che lo riguardano; **il peso**: più un post scatena interazioni (like, condivisioni e commenti), più sarà rilevante; e **il tempo di decadenza**: dopo alcune ore, un post più vecchio scompare per lasciare il suo posto ad una notizia più recente.

L'algoritmo di Facebook ha lo scopo di dare visibilità ai contenuti ritenuti migliori. Se ciò che si pubblica crea interesse, allora sarà ripagato con una maggiore evidenza. Se, in alternativa, ciò che si posta non riscuote successo, meno persone ancora vedranno quanto è stato postato.

Come contrastare questo algoritmo e aumentare la portata organica di Facebook?

In un articolo pubblicato sul blog Flockler nel giugno del 2019, Katja Mikkola e Toni Hopponen forniscono otto suggerimenti, che potrebbero fare al caso tuo:

1. Crea contenuti condivisibili: unici, di qualità, rilevanti per il tuo pubblico, informativi, educativi e di intrattenimento.

2. Pubblica contenuti visivi che suscitano emozioni: le immagini generano un coinvolgimento maggiore rispetto a messaggi unicamente testuali. Una ricerca di Buffer (2013) conferma che i tweet (su Twitter, che a breve tratteremo) con un'immagine ricevono il 18% in più dei click e il 150% in più di retweet. Un consiglio per questo paragrafo più pertinente è quello di chiedere al proprio pubblico di rispondere con una reaction invece di farlo con un semplice "Mi piace". Facebook sembra dare la priorità alle faccine.

3. Unisciti a gruppi Facebook e creane di nuovi.

4. Rispondi ai commenti sui tuoi post e mantieni viva la conversazione.

5. Coinvolgi i tuoi fan nella creazione di contenuti.

6. Crea una campagna di influencer marketing.

7. Pubblica contenuti video: Facebook sta cercando di sfidare YouTube e, nel periodo a lungo termine, è facile pensare che darà maggiore rilevanza a questa tipologia di contenuto multimediale.

8. Impara dal tuo feed Facebook personale.

Dopo queste premesse, resta da chiedersi quale sia il momento migliore per pubblicare contenuti su questa piattaforma. Facebook risulta essere un canale molto problematico sul piano della pianificazione strategica dei contenuti. I motivi di questa criticità sono riscontrabili nella complessità dell'algoritmo che abbiamo appena presentato e nella facilità con la quale avvengono dei cambiamenti al suo interno. Abbiamo visto già che molto probabilmente, secondo delle previsioni nel lungo termine, ai contenuti video sarà data la priorità, a discapito di quelli visuali.

Secondo uno studio realizzato da CoSchedule (2019), il primo "marketing calendar" per gestire content marketing e social media marketing; il momento più opportuno per pubblicare un post su Facebook è tra le ore 13.00 e le 16.00 durante la settimana e nel weekend (Fig. 9).

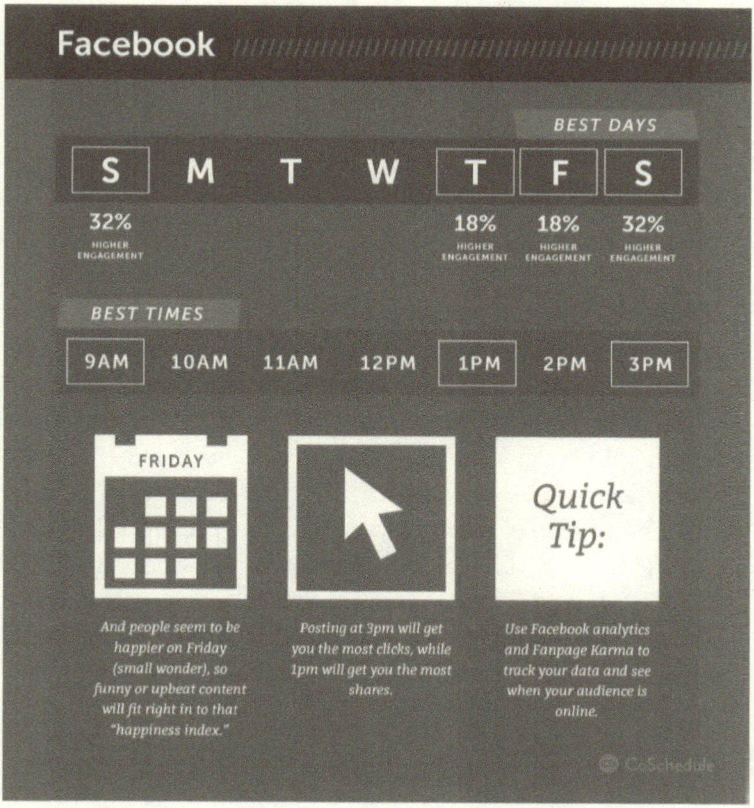

Fig. 9. Julie Neidlinger, Articolo "What 10 Studies Say About The Best Times To Post On Social media", 2019, da Nathan Ellering sul blog Coschedule, 2019.

Più nel dettaglio:

1. Sabato e domenica dalle ore 12.00 alle 13.00

2. Giovedì e venerdì dalle ore 13.00 alle 16.00

3. Mercoledì alle ore 15.00

Alcuni trucchi per alimentare le conversazioni con gli altri possono consistere in queste strategie: mostrandosi capaci di apprezzare i post degli utenti che si ritengono più interessanti, con like e interazioni frequenti, in modo tale da portare l'altro, spinto dall'euristica della reciprocità, a voler ricambiare e a fare lo stesso; e postando "Call To Action", una tecnica che può invogliare chi segue il tuo profilo a lasciare un commento e a dire la sua (domande del tipo: "Preferite il sushi o la pizza?" possono scatenare dei flame e renderti complice e teatro di una catena più amplia di opinioni e schieramenti).

3.3. Twitter, la risorsa del microblogging

Il microblogging è una forma particolare di blog, caratterizzata da dimensioni molto più ridotte. Si presta perciò a una frequenza di aggiornamento di gran lunga maggiore rispetto al classico blog, a una lettura e a una consultazione più rapida. I contenuti possono riguardare opinioni personali, stati d'animo, suggerimenti, e possono essere di tipo testuale o multimediale (con immagini, video e brani audio). Inizialmente, era utilizzato in prevalenza per comunicare il proprio stato umorale o annunciare la propria posizione, ma successivamente anche il microblogging è stato sempre più sfruttato per comunicare, informare e promuovere.

In questo ambito, lo strumento più utilizzato è Twitter, un servizio nato nel 2006 in California e passato nel 2007 sotto la giurisdizione dello stato del Delaware. I suoi fondatori sono: Jack Dorsey, Evan Williams, Noah Glass e Biz Stone. Il nome deriva dal verbo inglese "to tweet", che significa "cinguettare". Inoltre, "tweet" è anche il termine tecnico degli aggiornamenti del servizio.

In questo social, un post (o meglio, un tweet) può avere una lunghezza massima di 140 caratteri. Dopo la registrazione, è possibile postare tweet, visibili a "ritwittabili" da chiunque, diventare follower di un utente che pubblica contenuti per te particolarmente interessanti, così come è assolutamente possibile smettere di farlo, qualora l'utente non fosse più di tuo gradimento. Per rispondere ad altri tweet è necessario citare all'interno del messaggio il nome dell'utente al quale stai rispondendo (con @nome_utente), e, malgrado questo scambio di tweet avvenga in maniera pubblica, è comunque possibile inviare dei messaggi privati (solamente, però, se la persona alla quale si inviano rientra già tra i tuoi follower).

I tweet vengono classificati sulla base di hashtag (#), utili a etichettare delle risorse, a semplificarne la ricerca e ad aumentare la visibilità di chi li utilizza. Sarebbe meglio inserirli nel corpo del messaggio, piuttosto che relegarli alla sua fine. Occorre sottolineare il fatto che Twitter è stato il primo social a fare degli hashtag un elemento caratterizzante (seguito, come sappiamo, da Instagram).

Il numero limitato di caratteri che questo servizio mette a disposizione è visto dalla maggior parte delle persone, me compresa, come una gabbia comunicativa. In alcuni casi, può essere davvero insufficiente a esprimere un pensiero più articolato. Rispetto al maggior concorrente (Facebook), Twitter ha un **bacino di utenza minore ma potenzialmente più raggiungibile**, e vanta un pubblico superiore a livello culturale, generalmente caratterizzato anche da una maggiore possibilità economica. Questa piattaforma sembra costringere a scendere a compromessi con il dono della sintesi, è perciò necessario, per poterla utilizzare, scegliere un titolo accattivante e le parole, contate ma significative, giuste per invogliare, magari, a cliccare sul link che li seguirà. Non è estremamente consigliabile abbreviare le parole per poterne inserire di più, il risultato vedrebbe la compromissione della comprensione del testo stesso.

Anche in questo caso, come su Facebook, i migliori riscontri si possono ottenere sfruttando nel tweet la tecnica di "Call To Action", ricordando che, ottenuta una risposta, è preferibile continuare a rispondere a oltranza.

Tra i vantaggi offerti da questo social, rispetto al precedente concorrente, si trovano: un numero maggiore di strumenti per monitorare le conversazioni e ascoltare la rete: Twitter ha infatti predisposto molte più possibilità per farlo attraverso le sue API (Application Programming Interface), anche se i migliori software restano a pagamento; la sua immediatezza fa sì che questo sia lo strumento ideale per le aziende, che hanno urgenza di rispondere ai clienti e, magari, di comunicare il lancio di un nuovo prodotto in tempi rapidi.

Uno dei fattori che maggiormente influisce sulla pubblicazione dei tweet è, in questo contesto, **il tempo di visibilità del contenuto**. Si dovrebbe per questo evitare di pubblicare in orari con elevato traffico di tweet per far sì che i propri messaggi non si confondano nella mischia

Su Twitter, il tempismo è cruciale, ma quale sarebbe il momento più opportuno per far "cinguettare" i propri post?

Riprendendo la ricerca di CoSchedule (2019), twittare durante la settimana offre una resa migliore. I tempi ottimali sono tra le ore 12.00 e le 15.00, con un tempo di punta verso le ore 17.00 (Fig. 10).

Nel dettaglio:

1. Mercoledì a mezzogiorno e dalle 17.00 alle 18.00

2. Dal lunedì al venerdì dalle 12.00 alle 15.00 e alle 17.00

3. Per quanto riguarda l'ambito B2B (Business To Business), la resa è migliore (del 16%) durante l'orario lavorativo

4. Nel B2C (Business To Consumer), la resa sembra, invece, essere migliore (del 17%) durante il weekend.

Fig. 10. Julie Neidlinger, Articolo "What 10 Studies Say About The Best Times To Post On Social media", 2019, da Nathan Ellering sul blog Coschedule, 2019.

3.4. LinkedIn, molto più di un curriculum

LinkedIn è un servizio di rete sociale, gratuito, impiegato principalmente nello sviluppo di contatti professionali e nella diffusione di contenuti specifici relativi al mercato del lavoro.

Il servizio è stato fondato nel 2002 da Reid Hoffman, Konstantin Guericke, Allen Blue, Eric Ly e Jean-Luc Vaillant.

La registrazione al network avviene inserendo il proprio nome e cognome, l'indirizzo e-mail, la password, il paese di residenza, il codice di avviamento postale, la qualifica e il settore professionale di riferimento. Il profilo è, a questo punto, (quasi) pronto… per diventare a tutti gli effetti un "curriculum online". Finito questo passaggio, occorre addentrarsi nel reale scopo del social, aggiungendo come dati essenziali le precedenti esperienze lavorative, gli studi effettuati, i titoli conseguiti, le lingue conosciute e le competenze acquisite.

In realtà, LinkedIn non si limita a essere soltanto un "curriculum online", e ambisce a essere molto di più. I contatti sono a tutti gli effetti determinanti in tale ambito: **ogni contatto aggiunto alla propria rete può rappresentare una nuova occasione professionale.** La sezione "Riepilogo" è quella che maggiormente cattura l'attenzione dei visitatori, e per questa ragione andrà minuziosamente curata. È il luogo nel quale aggiungere le tue competenze e gli obiettivi futuri. LinkedIn lascia spazio anche alle raccomandazioni: ogni collegamento su LinkedIn può segnalare le capacità di una persona con la quale si sono svolte delle attività professionali, arricchendone il profilo ed evidenziando tali note di merito agli occhi degli altri utenti. Il profilo utente sarà realmente terminato solamente quando godrà di un numero elevato di segnalazioni. Un modo migliore per riceverne una è, ovviamente, scriverne per primo e puntare sull'euristica della reciprocità, che porterà gli altri a ricambiare il favore. La segnalazione è pubblica, visibile e consultabile sul profilo della persona che è stata segnalata.

Sulla piattaforma, è possibile valutare annunci di lavoro e candidarsi per coprire un determinato ruolo o proporsi per una posizione scoperta.

La fotografia del profilo ha una discreta importanza, in quanto rappresenta una delle prime forme di presentazione a un possibile datore di lavoro futuro. Il contesto richiederebbe una foto più seria e professionale rispetto agli altri social (ancora meglio se fatta da un fotografo professionista), magari in un vestito elegante, con uno sguardo sicuro e un sorriso accennato (senza esagerare, il troppo storpia!).

Un altro elemento molto importante, che richiede altrettanta attenzione, è l'headline sintetica, il piccolo testo da inserire al di sotto del proprio nome. È molto utile che questo contenga le parole chiave che servono a posizionarsi nelle ricerche e nei risultati di ricerca di Google, e che possa catturare l'interesse e accattivare il recruiter che sta pensando di cliccare su quel determinato profilo. Il nome, la fotografia e l'headline sono le uniche informazioni che appaiono nelle ricerche.

Tra i consigli più frequenti e recenti di Melonie Dodaro (2016), autrice e imprenditrice di social media canadese, si ricorda di: pubblicare contenuti verticali sulla propria professione in modo quotidiano per trasmettere competenza e valore; scrivere sempre in prima persona e parlare direttamente al target di riferimento (professionale); aggiungere anche le esperienze di volontariato e di natura sociale; non dimenticare di aggiornare i premi ricevuti. Inoltre, **non occorre sottovalutare la parte social di LinkedIn**, un luogo virtuale dove, però, è comunque possibile incontrare persone, farsi conoscere e apprezzare.

E per quanto riguarda l'orario migliore per la pubblicazione su LinkedIn?

La piattaforma registra picchi di attività intorno alle ore 17.00-18.00, mostrando una certa coerenza con gli orari di un lavoro d'ufficio (Fig. 11).

Nel dettaglio:

1. Martedì dalle ore 22.00 alle 23.00

2. Martedì, mercoledì e giovedì dalle ore 7.30 alle ore 8.30, alle ore 12.00 e dalle 17.00 alle 18.00.

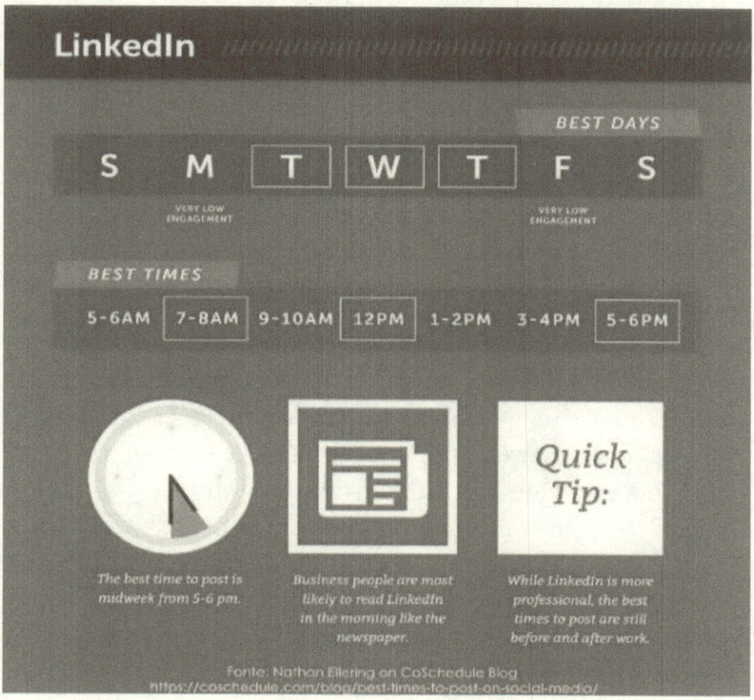

Fig. 11. Julie Neidlinger, Articolo "What 10 Studies Say About The Best Times To Post On Social media", 2019, da Nathan Ellering sul blog Coschedule, 2019.

3.5. YouTube – Broadcast Yourself

YouTube è una piattaforma Web 2.0, fondata il 14 febbraio 2005, che permette la condivisione e la visualizzazione in rete di contenuti video. I suoi fondatori sono Jawed Karim, Steve Chen e Chad Hurley, tre ragazzi che, come vuole tramandare la leggenda, sembra abbiano sviluppato tale servizio perché in cerca di una soluzione più veloce per scambiare filmati con gli amici. YouTube è oggi il secondo motore di ricerca più usato al mondo.

Il primo video su YouTube andò in onda nell'aprile del 2005 e presentava uno dei suoi stessi fondatori, Jawed Karim, allo zoo. Il successo fu immediato, motivato anche delle possibilità che tale piattaforma offre: YouTube non permette soltanto di guardare ogni genere di filmato (film, eventi sportivi in diretta, serie tv, ecc), ma consente inoltre di mostrare al mondo le proprie capacità: comici, cantanti, attori, aspiranti registi e anche coloro che adesso rientrano tra i rinomati "YouTuber" hanno utilizzato questo palco per crearsi la propria fetta di pubblico.

Su YouTube, è possibile guardare video gratuitamente, senza limitazioni e senza obbligo di registrazione (a differenza dei servizi precedentemente menzionati). Ci sono, però, delle funzioni riservate agli utenti iscritti: il "Mi piace" o "Non mi piace" per dare un giudizio positivo o negativo al video; la possibilità di creare una Playlist, l'iscrizione a un canale per ricevere notifiche e aggiornamenti sui nuovi video caricati; la possibilità di lasciare un commento, e, ovviamente, quella di aprire il proprio canale.

Inseriti i propri dati e creato il canale, si può procede personalizzando quest'ultimo, impostando un diverso aspetto grafico, aggiungendo canali nella sezione "Canali in primo piano", pianificando nuove sezioni per sistemare il layout, modificando le impostazioni sulla privacy, inserendo le schede "Discussione" o, ancora, accedendo ad altre impostazioni avanzate.

Se, utilizzando le parole di Edoardo Scognamiglio (2016), docente del Master in social media marketing e autore del programma televisivo "Le Iene", **"il canale è più che altro un contenitore, e, in quanto tale, trae importanza dal contenuto"**, è evidente la necessità di capire come alimentare tale canale, ovvero come produrre e pubblicare dei video.

Il caricamento del video consiste in una procedura molto semplice, anche se la velocità nel caricamento dipende da fattori quali la lunghezza del filmato, la sua qualità e la velocità della connessione a Internet. Durante il caricamento, è consigliabile aggiungere alcune informazioni didascaliche relative al video, inserendo il titolo, la descrizione e gli eventuali tag correlati, caricando una miniatura personalizzata (l'immagine di copertina del video) e scegliendo il possibile pubblico di destinazione, e quindi la privacy ("pubblico", se si vuole rendere il video visibile a tutti; "non in elenco" permette di far visualizzare il video solo a chi è in possesso dell'indirizzo URL; "privato", se visibile solamente a colui che lo ha caricato; "programmato", se si vuole temporizzare la sua pubblicazione). Inoltre, è anche possibile realizzare un video in diretta, cliccando sul pulsante "Carica" (in alto), nel box "Live streaming" (a destra), e infine sull'opzione "Inizia" per avviare la trasmissione in tempo reale.

Per poter gestire i video caricati e continuare a personalizzare il proprio canale, è indispensabile accedere al Creator Studio, una sezione appositamente creata, che presenta le diverse funzioni: "Live Streaming", come abbiamo appena visto, per iniziare o programmare un evento in diretta; "Community" per gestire i commenti degli utenti sul proprio canale; "Canale" per visualizzare lo stato copyright e attivare funzioni come la "Monetizzazione" o l'URL personalizzato;

"Analytics" per tenere traccia dei dati statistici (vedere quali video monetizzato di più, le informazioni sul proprio pubblico, i luoghi di visualizzazione e i video più visualizzati); "Crea" per creare e scaricare contenuti musicali, utilizzabili nei video; e "Gestione video" per l'elenco completo dei video caricati.

YouTube è molto più complicato da utilizzare rispetto agli altri social network e richiede sicuramente maggiore impegno. D'altro canto, però, i video possono essere molto coinvolgenti e ottenere un seguito di gran lunga più rilevante.

Se sei ancora alle prime armi, è consigliabile dosare l'entusiasmo iniziale ed evitare di danneggiare la tua immagine con dei contenuti scarsi (al limite del grottesco) a livello professionale. Come è stato già ampliamente detto, Internet non dimentica facilmente questi possibili "scivoloni", ed è più indicato tastare il terreno nel primo periodo, guardare i contenuti di utenti che offrono servizi simili a quelli che vorresti offrire, fare qualche corso/tutorial o prendere delle lezioni sul montaggio in generale per farti un'idea dell'ambiente che può ospitare il tuo business e delle persone che potranno contribuire a incrementarlo.

Per aumentare il numero di iscritti al proprio canale, sarebbe opportuno utilizzare una strategia editoriale e pianificare la frequenza con la quale verranno creati e condivisi i video, in modo da abituare gli utenti, incentivando l'attesa di un appuntamento già consolidato e programmato. Anche in questo caso, può essere utile il ricorso a una Call To Action: invitare a commentare o a condividere il video può davvero migliorarne la diffusione.

A differenza di Twitter e di Facebook, i contenuti prodotti e pubblicati su YouTube non conoscono gli stessi tempi di decadenza: se un post o un tweet ha poche ore di vita, prima di scomparire e lasciare spazio alle novità; un filmato su You-

Tube con un ottimo titolo può potenzialmente continuare a crescere per anni e diventare popolare anche dopo anni dalla sua pubblicazione.

Il pubblico di questa piattaforma è molto ampio, ma, come al solito, è estremamente difficile raggiungerlo nella sua totalità. I ragazzi, gli adolescenti con diverso tempo libero, i bambini, le casalinghe e gli studenti in generale sono molto inclini all'utilizzo di questo servizio per l'intrattenimento e l'informazione. Resta da sottolineare, però, che generalmente i lavoratori professionisti hanno sempre meno tempo e preferiscono un contenuto di tipo testuale, più veloce da consumare. Se il tuo desiderio è quello di intercettare quest'ultima tipologia di target, probabilmente, quindi, YouTube non è il mezzo più idoneo per farlo (a differenza di LinkedIn, che potrebbe rappresentare l'opzione migliore).

Per quanto riguarda, invece, l'orario migliore per condividere contenuti su YouTube, non sarà possibile in questo caso rifarsi allo studio di CoSchedule (2019), ma, stando all'articolo (anche più recente) di Linda Andress (2020), sul blog "HowSociable", l'arco temporale indicato sarebbe dalle 14.00 alle 16.00, ma il momento di maggiore traffico all'interno della piattaforma sembrerebbe essere dalle ore 19.00 alle 22.00 (Fig. 12). Il motivo del confronto di questi di due dati consiste nell'indicizzazione da parte di YouTube dei suoi video. Postando qualche ora prima rispetto all'orario di maggiore traffico, si avrà una sicurezza maggiore di essere mostrati nelle ricerche.

Nel dettaglio:

1. Dal lunedì al mercoledì dalle 14.00 alle 16.00

2. Giovedì e venerdì dalle ore 12.00 alle 15.00

3. Sabato e domenica dalle ore 9.00 alle 11.00

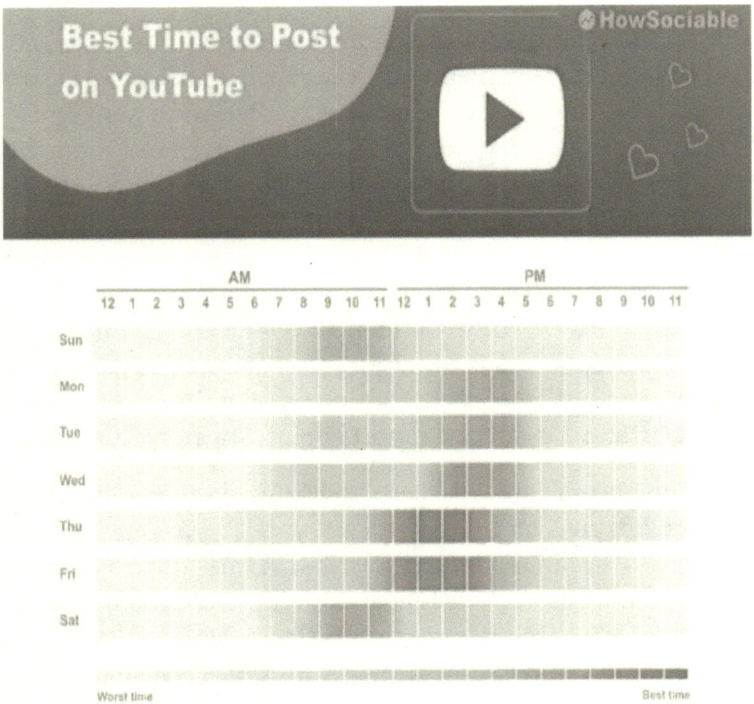

Fig. 12. Linda Andress, Articolo "Best Time to Post on YouTube in 2020: How to Net the Biggest Audience", 24 luglio 2020.

3.6. TikTok, il potere delle GIF animate

TikTok è un servizio di rete sociale, sviluppato da Alex Zhu e Luyu Yang nel settembre 2016. Inizialmente, la piattaforma prendeva il nome di "Musical.ly", ma, da giugno 2018, in seguito a una fusione con l'omonima app, questa si è aggiornata, diventando ufficialmente l'attuale TikTok (sostanzialmente, in quella che è stata una strategia di rebranding).

In Italia, TikTok risulta essere l'app più scaricata del 2020 (è al sesto posto tra i social network a livello globale). Riprendendo i dati della società ComScore (2020), lo scorso luglio, sempre in Italia, l'applicazione ha registrato una crescita del 377% rispetto allo stesso mese del 2019. Ciò che ha contribuito alla conquista del pubblico (più adulto di quello che si potrebbe pensare) è stata la sua attitudine ironica, insita nella possibilità di realizzare sketch comici o video nei quali cantare in lip-sync (muovendo la bocca in sincrono con la base musicale o con il sottofondo di un film). L'applicazione, a oggi, è disponibile in oltre trentaquattro lingue e ha all'attivo più di 800 milioni di utenti (di questi, quelli italiani sono oltre 8 milioni). **Il social funziona per la sua contagiosa allegria, ma soprattutto per la capacità di stimolare la creatività e la vena artistica dei suoi "TikToker"**: chi è alle prese con il ballo, chi con la recitazione, chi con la challenge del momento… ognuno trova il suo spazio in quello che sembra essere una sorta di YouTube, con contenuti più mirati al puro intrattenimento (ma non solo!). I video hanno una durata dai 15 ai 60 secondi (anche se sembrerebbe che in questo periodo TikTok stia sperimentando l'eventualità di triplicarla, consentendo di pubblicare video lunghi fino a tre minuti), ma la varietà dell'offerta della piattaforma tocca anche l'enciclopedia virtuale, con dei creator, che parlano di storia, di religione, di lingue, di arte, che si è vista costretta a uscire dai musei; e di giustizia sociale, avvicinando gli adolescenti a temi, prima molto lontani da loro. Oltre alla possibilità di creare dei video brevi ed esilaranti, TikTok offre anche ulteriori opzioni: è possibile aggiungere effetti speciali (come il cambio dell'abito, più che gettonato tra le influencer), creare dei musical, recitare, fare duetti coinvolgendo un'altra persona, e caricare video e fotografie già presenti nella tua galleria, applicandovi filtri o modifiche.

Il pubblico di questo servizio è suddiviso in "watcher" (coloro che si limitano a guardare i contenuti postati da altri), e in "creator" (chi, invece, partecipa in maniera più attiva), anche se spesso vengono chiamati, in entrambi i casi, "muser" per ricordare l'antenato dell'app, il già menzionato Musical.ly. Ovviamente, una categoria non esclude l'altra, e la maggioranza degli utenti si comporta sia da "watcher" sia da "creator". Il limite di età per poter usare ufficialmente TikTok è di 13 anni, anche se tale limitazione può essere facilmente raggirata, utilizzando una data di nascita finta. Malgrado la presenza di questa barriera anagrafica, TikTok è molto popolare tra i giovanissimi della Generazione Z (che segue i Millenials e comprende i nati dal 1995 al 2010) e il 42% degli utenti appartiene alla fascia dai 18 ai 24 anni, pur registrando segnali di incremento evidenti anche nella fascia d'età dai 25 ai 34 anni. Il 60% degli utenti appartiene al genere femminile. Il tipo di contenuto condiviso su TikTok si adatta perfettamente alla sua tipologia di pubblico per le sue caratteristiche prettamente visuali, divertenti, con un testo ridotto al minimo o totalmente assente, e una capacità più immediata di catturare il messaggio.

Per potersi mettere alla prova su questo social, è necessario installare l'app sul proprio smartphone (o tablet). Prima ancora di registrarsi, è possibile prendere visione dei contenuti caricati dagli altri utenti. Se si desidera condividere dei video in prima persona, è richiesta la registrazione, o con l'inserimento delle solite informazioni (numero di telefono, e-mail, nome utente) oppure facendo il login tramite Facebook, Google, Twitter, Apple o Instagram (l'alternativa più veloce, ma anche la meno sicura in termini di privacy e di sicurezza). Anche in questo caso, il feed sarà aggiornato e su misura per te, sulla base degli interessi dimostrati (e selezionati nella fase successiva all'iscrizione) e degli account seguiti. A differenza degli altri strumenti, su questo si ritrova anche l'icona "benessere digitale", che avvisa gli utenti, quando e se questi superano le due ore di utilizzo.

La modalità d'uso è molto intuitiva: per caricare dei contenuti innovativi basterà cliccare sul pulsante centrale con il simbolo "+" e realizzare (o selezionare dal tuo rullino) l'immagine o il filmato (selezione singola o multipla) che si ha intenzione di pubblicare. La vera novità prende spazio nel passaggio seguente, e si manifesta con la possibilità di aggiungere dei suoni (tagliandoli e/o alterandone la velocità di riproduzione), effetti e filtri, ma anche scritte in movimento, adesivi ed effetti 3D, tramite il pusante "Vlog 123", collocato in basso a sinistra.

La differenza principale, rispetto agli altri servizi di rete sociale, consiste nel fatto che, come impostazione predefinita, tutti gli account sono pubblici e visionabili da qualsiasi persona, anche se questa non è iscritta alla piattaforma. Esiste tuttavia la possibilità di impostare un profilo privato nella sezione dedicata alla privacy, permettendo così al proprietario dell'account di poter scegliere se approvare o rifiutare le richieste, o di limitare i messaggi in arrivo ai soli seguaci. Anche con un profilo privato, però, la foto del profilo, il nome utente e la biografia resteranno elementi pubblici. Un altro aspetto che lo differenzia da Instagram e da Facebook, è l'assenza di sponsorizzazioni al suo interno.

Se desideri darti da fare su questa piattaforma per avvicinare un target più giovane, ti sarà sicuramente utile adattarti alla sua lingua, raccontando di te e del tuo brand attraverso dei video brevi, creativi, innovativi e divertenti, ricordando sempre di avere pochi secondi a disposizione per convincerlo. Prova, però, a non parlare soltanto di te (rischieresti di annoiare, ottenendo l'effetto contrario a quello desiderato), includi gli utenti nel tuo messaggio, interagisci con loro e permettigli di partecipare, di sentirsi parte dei contenuti che offri, lanciando una sfida promozionale (per esempio, sfidandoli a creare dei video ispirati al tuo e premiando il migliore), e creando un hashtag specifico per l'occasione.

Un esempio di TikToker italiano è Luciano Spinelli, un ventenne di Monza che, dopo aver aperto il suo primo canale YouTube, ha creato la sua fortuna tramite TikTok con contenuti in grado di raccontare la sua vita, il rapporto con i suoi amici e con la sua famiglia, in una chiave ironica e distintiva, che lo ha reso un vero e proprio personaggio, un social performer da 8 milioni di follower. A settembre 2020, TikTok ha deciso di nominarlo creator ufficiale dell'applicazione social.

Non esistono ancora, purtroppo, degli studi accurati e verificati sull'orario più indicato per la pubblicazione dei contenuti (probabilmente proprio perché la crescita dell'applicazione è avvenuta in tempi molto rapidi, ma, soprattutto, in modo inaspettato). Diversi siti (specialmente "Oberlo"), però, prendono come riferimento lo studio condotto da Influencer Marketing Hub (2020), che consiglia altamente di condividere video in queste fasce orarie, indicate in CET, Central European Time (Fig. 13):

1. Lunedì a mezzogiorno e alle 16.00

2. Martedì alle 4.00, tra le 8.00 e le 10.00 del mattino, ma anche alle 15.00 del pomeriggio

3. Mercoledì dalle 19.00 alle 20.00, e alle 23.00

4. Giovedì alle ore 15.00 e alle 18.00

5. Venerdì all' 1.00 di notte, alle ore 11.00 e dalle 19.00 alle 21.00

6. Sabato alle 17.00

7. Domenica dall'1.00 alle 2.00 di notte, dalle 13.00 alle 14.00 e alle 22.00

Fig. 13. Gli orari migliori per pubblicare su TikTok secondo Oberlo, dall'articolo "I migliori orari per postare su TikTok nel 2021" di Thomas J Law, 9 novembre 2020.

Per scoprire quali siano gli orari migliori per postare su TikTok per il tuo pubblico, il consiglio comune è quello di accedere a TikTok Analytics, dopo aver effettuato il passaggio a un Account Pro, cliccando sui tre puntini nel menu in alto a destra del tuo profilo. Su "Gestione account", infatti, vedrai segnalata l'opzione "Passa all'Account Pro", trovando successivamente, nel tuo menu, la voce "Attività", e, ancora, quella intitolata come "Analitica" (Fig. 14). Nella sezione "Analitica", avrai a disposizione tre opzioni: "Overview", per avere una visione d'insieme delle tue visualizzazioni video, dei follower e del tuo profilo; "Contenuto", per visionare i "mi piace" e i commenti ricevuti, la durata media delle visualizzazioni o i video di tendenza; e "Nuovi Follower", per scoprire l'area geografica nella quale si trovano (Fig. 15) e convertire così gli orari rispetto al fuso orario del loro territorio attraverso dei precisi tools online (come The Time Zone Converter). Un ottimo spunto di riflessione potrebbe essere quello di controllare la data e l'ora in cui è stato condiviso il post che ha riscosso più successo (in "Contenuto"), per poter replicare l'esperimento, condividendo altri video al medesimo orario e lo stesso giorno della settimana.

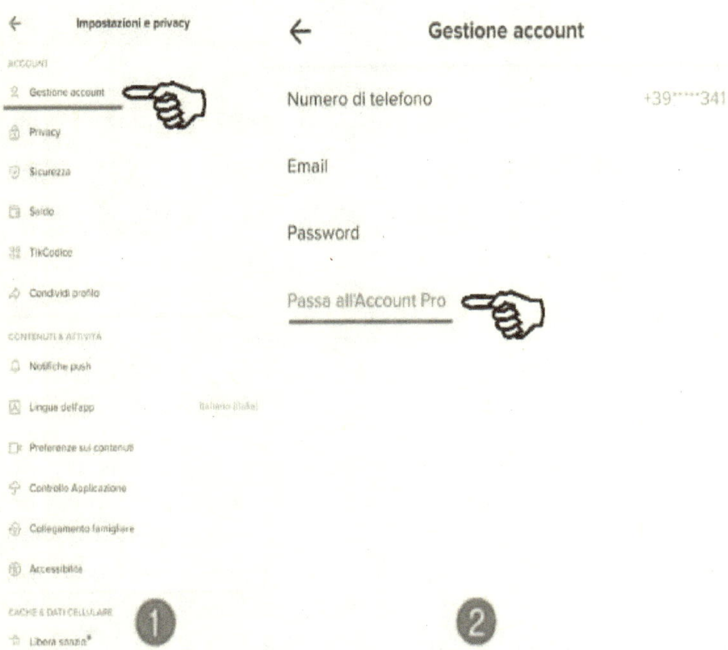

Fig. 14. I passaggi necessari per passare all'Account Pro.

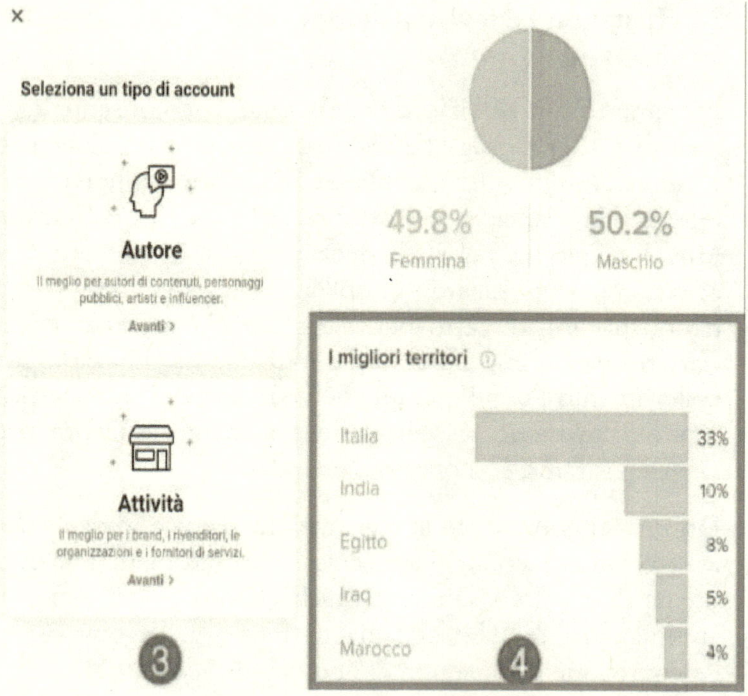

Fig. 15. Selezionare il tipo di account e scoprire la provenienza dei propri follower.

3.7. Instagram e il visual storytelling

Instagram è un servizio di rete sociale che consente agli utenti di scattare fotografie (da qualche anno è possibile anche condividere dei video), applicarvi dei filtri e condividerle in rete. È stato lanciato il 6 ottobre 2010 da Kevin Systrom e Mike Krieger, ma nel 2012 Zuckerberg ne è diventato il proprietario per un miliardo di dollari. È l'ultimo social di cui ti parlo, ma non di certo per la sua importanza. La scelta di trattarlo per ultimo nasce dall'intenzione di utilizzarlo come collegamento per gli esempi che vedremo insieme nel quinto capitolo, in modo da tenere bene a mente le informazioni che acquisiremo con questo paragrafo.

Dopo aver completato la registrazione dei propri dati e dopo aver creato l'account, verrà chiesto in automatico al nuovo utente di trovare i suoi amici di Facebook (a cui, sempre in automatico, verrà inviata una notifica con l'aggiornamento dell'iscrizione a Instagram di uno dei loro contatti).

Il procedimento per il caricamento di contenuti multimediali anche in questo caso è abbastanza intuitivo: cliccando su "+", in alto a destra, è possibile sfogliare le foto della propria galleria o del proprio rullino fotografico per selezionare quelle di maggiore gradimento e applicarvi dei filtri o delle modifiche (contrasto, luminosità, ombre, saturazione, sfumatura o nitidezza). Le foto caricabili per post vanno dalla singola fotografia (o video) ai dieci scatti (o filmati, ma sempre di dimensioni e durate ridotte). Il like, però, viene in questo social sostituito da un cuoricino rosso. Non ci sono reaction, abbracci o emoticon, ma resta la possibilità di lasciare un commento e di contattare un'altra persona in Direct (in privato). Se fino a pochi anni fa era ancora possibile scoprire il numero di apprezzamenti sulla foto di un utente, da luglio 2019, Instagram ha tolto questa possibilità per porre l'accento sui contenuti condivisi più che sui like ricevuti. Soltanto la persona che amministra l'account potrà vedere il numero di cuori ottenuti in ogni singolo post.

Altri elementi fondamentali per la piattaforma sono i tag (sia dei luoghi che dei propri contatti), gli hashtag (le etichette delle quali abbiamo già parlato in riferimento a Twitter) e, in generale, la didascalia che è consentito inserire sotto a un contenuto postato. Utilizzare dai quattro agli undici hashtag per foto/video può contribuire ad aumentare di molto il numero di interazioni (però occhio a non esagerare!).

Come su Facebook, anche su Instagram compare l'opzione della creazione di stories: contenuti (video, tracce audio o immagini) resi visibili per 24 ore. Anche su questo servizio è possibile modificare le impostazioni relative alla privacy, optando o per un account pubblico o per uno privato. È anche permesso limitare la visibilità delle stories a una cerchia di amici più stretti, selezionabili nelle impostazioni.

Da agosto 2020, Instagram, in risposta al suo competitor TikTok, ha introdotto gli Instagram Reels, dei brevi video che seguono le tracce di quelli condivisi nell'applicazione cinese, tanto in voga tra i più giovani. È possibile guardare i reels prodotti da altri utenti nelle tendenze di Instagram, riscontrabili su "Esplora", o produrne di nuovi, selezionando "Reels" nella parte inferiore della fotocamera di Instagram.

Instagram offre inoltre un'ulteriore possibilità di scelta: dal profilo personale è possibile passare a un profilo professionale. Cosa cambia? Lo vediamo subito! Attivare un account professionale (o business) su Instagram permette di accedere a potentissimi strumenti e a funzionalità differenti, tra cui: "Instagram Insights", ovvero i dati statistici, già visti con Facebook, (come il genere, l'età e luogo di nascita) sui tuoi follower, le informazioni sulle loro abitudini e/o sulle interazioni con i tuoi post; "Annunci Instagram" (o ads) e "Promozione dei tuoi post" per sponsorizzare i tuoi contenuti; "Pulsante di contatto" (una Call to Action in piena regola appena sotto alla tua biografia), e, se si superano i 10.000 follower, anche la possibilità di aggiungere dei collegamenti alle storie di Instagram. Non è possibile creare annunci per aumentare il numero dei follower, ma il suo scopo può essere quello di mettere in evidenza i tuoi post (foto e/o video), indirizzare le persone al tuo sito e ottenere più visualizzazioni e interazioni sui tuoi contenuti. Può essere molto utile creare una campagna integrata sia su Instagram e sia su Facebook.

Il passaggio da un profilo all'altro avviene in modo rapido e assolutamente gratuito. Sul tuo profilo personale, troverai la voce "Modifica il profilo", dove troverai inoltre "Passa a un account professionale" (Fig. 16).

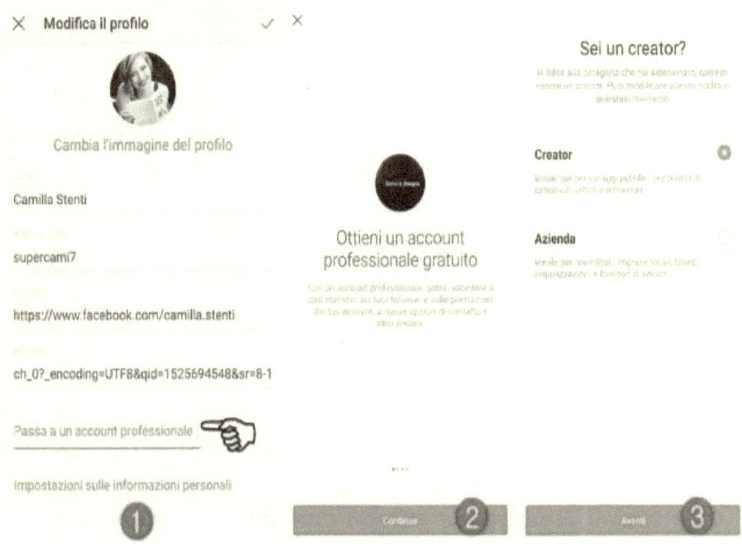

Fig. 16. Gli step necessari per passare a un account professionale su Instagram.

Per Eva Chen, direttrice delle partnership di moda su Instagram, "Instagram ruota attorno alla conversazione con le persone vicine a te sui temi di comune interesse."

Perché utilizzare Instagram per far conoscere il tuo brand? Secondo uno studio condotto da Forrest, Instagram sembrerebbe offrire 58 volte più opportunità di successo rispetto a Facebook e 120 volte quelle di Twitter, registrando un tasso di coinvolgimento degli utenti da parte delle aziende di circa il 4,21%. I motivi di questi risultati sono probabilmente da ricercare nelle caratteristiche principali dell'applicazione che stiamo analizzando: un'applicazione totalmente mobile, basata sul visual design e priva di link (fatta eccezione per quello che è possibile inserire tra le informazioni personali). Per poter approfittare del potenziale che offre, non è sufficiente pubblicare e condividere belle immagini, ma è necessario avere una visione molto chiara dei propri obiettivi, condividere contenuti (almeno uno o due al giorno) con una frequenza costante e programmata (facendo un piano editoriale, nel quale saranno definiti i temi che si andranno a trattare e gli orari nei quali saranno trattati) e acquisire familiarità con i tuoi follower, nel tentativo di aumentare la brand awareness. La biografia deve essere molto curata e accattivante, con una descrizione rappresentativa della tua offerta e dei tuoi valori. Può essere opportuno inserire all'interno della descrizione anche uno slogan, delle emoji per "puntare" l'elenco e/o un hashtag distintivo. Ogni post deve essere allineato all'estetica scelta per il tuo brand, coerente e compatibile nello stile di modifica, nella composizione e nella struttura delle fotografie (soffermati sempre sullo stesso filtro, o al massimo su due filtri), ma anche nei colori selezionati (ancora meglio se riprendono i colori scelti anche in altri social), nel carattere (o font) e nel tono di voce utilizzato nella parte più testuale. Il filtro più apprezzato sembra essere "Clarendon", in grado di aumentare l'esposizione e il contrasto, di rendere i toni più caldi e offrire alla foto un effetto più vintage. Lo scopo, anche in questo caso, non è quello di parlare soltanto dei propri prodotti, di pubblicizzare e bombardare di informazioni gli utenti che ti seguono, ma è quello di affascinare il tuo pubblico, di coinvolgerlo anche utilizzando lo strumento delle stories (con qualche sottotitolo o con domande e sondaggi annessi).

Ciò che si sta programmando di attuare è, quindi, una strategia basata sul **visual storytelling: sull'arte di raccontare attraverso le immagini**, utilizzate come mezzo espressivo primario. **Instagram è in assoluto il social più visuale** (seguito da Pinterest), pone le immagini al centro del racconto e le utilizza per incuriosire ed emozionare gli utenti. Ricalcando le stesse orme di TikTok, anche su Instagram l'utenza sembra essere generalmente giovane (dai 18 ai 35 anni) e in prevalenza femminile (50,3%).

Per quanto riguarda l'orario migliore per caricare delle foto su Instagram, questo sembra essere l'unico social a non "imporre" determinati vincoli. Il coinvolgimento degli utenti sembra in questo contesto essere costante durante tutta la settimana, con picchi di affluenza il lunedì e dei leggeri cali la domenica (Fig. 17).

Nel dettaglio:

1. Lunedì e martedì a qualsiasi ora eccetto l'intervallo dalle 15.00 alle 16.00

2. I video possono essere caricati tutti i giorni dalle 21.00 alle 8.00

3. Risultati soddisfacenti sono stati ottenuti anche pubblicando contenuti alle ore 2.00 di notte, alle 17.00 e mercoledì alle 19.00.

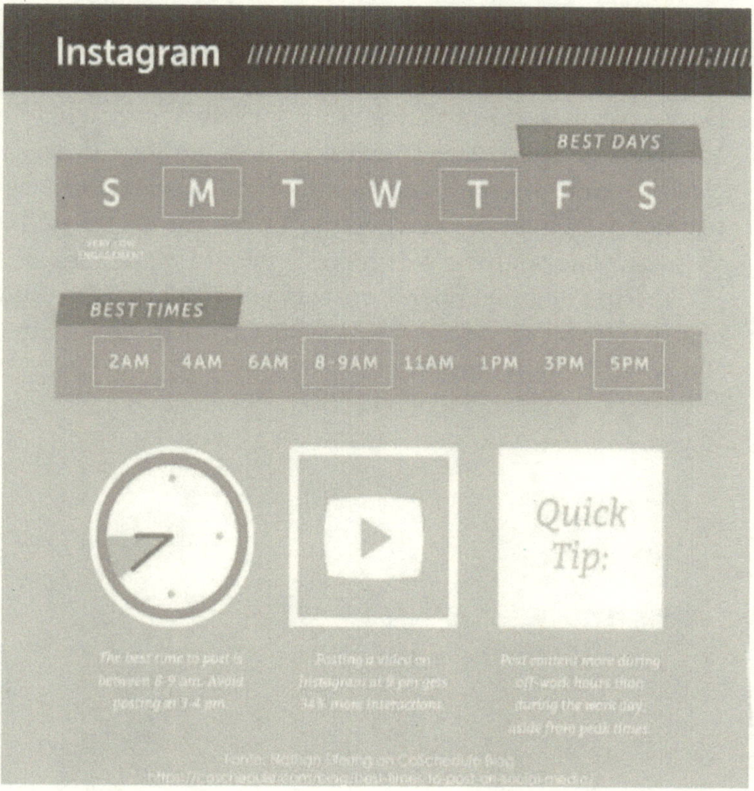

Fig. 17. Julie Neidlinger, Articolo "What 10 Studies Say About The Best Times To Post On Social media", 2019, da Nathan Ellering sul blog Coschedule, 2019.

3.8. Strumenti aggiuntivi

Dopo aver passato in rassegna i principali social utili ad accompagnare e veicolare la creazione e la gestione di un Personal Brand, vedremo adesso le caratteristiche di alcuni strumenti aggiuntivi e cercheremo di capirne di più sui blog (in particolare sui blog WordPress), sull'ottimizzazione SEO, sull'insieme di attività per il posizionamento immediato nella SERP (SEM), sul Social CRM e su altri metodi e strategie che potrebbero venirci in aiuto.

3.8.1. Il blog

Il termine "blog" apparve la prima volta nel dicembre del 1997, quando Jorn Barger decise di riassumere in una pagina web le cose migliori da trovare in rete, battezzando la sua raccolta con il concetto di "Weblog".

Un blog è uno spazio web nel quale una persona, un blogger, si racconta, descrive le proprie opinioni, espone dei giudizi in relazione ad argomenti disparati, ritenuti più interessanti.

Già nel 2011, il numero di blog presenti nel Web era decisamente elevato, talmente elevato che si iniziò a parlare di "Blogosfera" e nacquero dei motori di ricerca appositamente dedicati a questo mezzo. Malgrado oggi non si descriva più lo scenario social con l'esempio dei blog, questi continuano a essere di gran lunga utilizzati.

Esistono molte tipologie, con caratteristiche spesso diametralmente opposte tra loro: ci sono i blogger che scrivono di cucina, altri di sport, di tecnologia, di politica, di informazione… e altri ancora utilizzano questo spazio come un diario personale, sul quale annotare le proprie gioie e i propri dolori.

Il blog è uno strumento molto interessante, così interessante da poter essere utilizzato come il fulcro della propria comunicazione, abbinando l'uso dei social network precedentemente analizzati come canali per poter attrarre i follower e indirizzarli nello stesso blog e nei suoi contenuti.

La creazione di un blog è il passaggio più semplice, la difficoltà consiste nel riuscire a emergere in un ambito tanto concorrenziale. I primi periodi possono essere quelli più demotivanti: la creatività spesso non è sufficiente ad aumentare il numero delle visite giornaliere, ma, con molta energia, pazienza e impegno, la situazione può cambiare nel medio e nel lungo periodo, pubblicando spesso molti contenuti di qualità (almeno uno a settimana).

Essendo uno spazio molto personale, è importante che il blog mantenga uno stile e un formato coerenti e vicini a te.

Prima di crearne uno, occorre tenere a mente alcune considerazioni: i blog devono essere scritti con una "voce umana", è giusto ed è necessario utilizzare lo stesso linguaggio del proprio pubblico di riferimento, comunicare con una passione e un'autorità che possano essere percepibili al momento della lettura dei contenuti; sarebbe meglio avere un'idea generale degli interessi comuni alla base del successo di altri blog, quindi, è consigliabile non fermarsi nel proprio orticello, esplorare quanto è stato prodotto da altri blogger, cosa è in grado di catturare l'attenzione dei lettori, quali sono le modalità di presentazione utilizzate... e prendere come spunto di riflessione ogni aspetto che si possa ritenere di rilievo. È essenziale scrivere in modo chiaro e comprensibile, rendere i post leggibili, collegarli tra loro, semplificare l'inserimento dei commenti da parte dei visitatori, concludere il proprio intervento con delle domande aperte (anche utilizzando la tecnica della chiamata all'azione, la Call To Action).

3.8.1.1. WordPress

"WordPress è una piattaforma software di blog e content management system open source, un programma che consente la creazione e distribuzione di un sito Internet, formato da contenuti testuali o multimediali, gestibili e aggiornabili in maniera dinamica."

La piattaforma, lanciata nel maggio del 2003, è gratuita e ha un vasto parco di templates, grafiche che amplificano le possibilità di personalizzazione e funzionalità espandibili con plugin di terze parti. Nasce con lo scopo di fornire l'occasione di creare il proprio sito anche a chi non è un programmatore, motivo per cui WordPress è considerato uno strumento molto semplice da utilizzare, ma al tempo stesso è anche un mezzo molto potente.

È possibile aprire un blog WordPress seguendo due modalità: la prima è sicuramente più immediata, e consiste nell'aprire il sito e ottenere un dominio di terzo livello (o sottodominio), dopo aver terminato la registrazione. Gli svantaggi di questa modalità sono però evidenti: scegliendo questa via, non si potrà disporre di plugin aggiuntivi o guadagnare attraverso banner pubblicitari. Inoltre, sembrerebbe che i domini di terzo livello non abbiano buone performance su Google. Se non si hanno grandi esigenze in termini di ottimizzazione SEO (argomento che sarà trattato a breve), questa soluzione è probabilmente la più pratica e veloce. La seconda modalità richiede l'installazione del software su un proprio dominio e l'autogestione del sito. Se si opta per questa alternativa, c'è la necessità di soffermarsi su tre elementi: il dominio, il piano di hosting e il tema. Il dominio è l'indirizzo web (anche chiamato URL, Unique Resource Locator) che l'utente digita nella barra di navigazione del browser per raggiungere un determinato sito. Registrarne uno garantisce di esserne l'unico utilizzatore, associandolo allo spazio server sul quale si trovano i file e il database del sito. La scelta del nome e del dominio è cruciale: cambiare il nome del dominio in un secondo momento potrebbe generare delle ripercussioni sul posizionamento nei motori di ricerca. È preferibile propendere per un nome che sia facile da scrivere e da memorizzare, ma che sia soprattutto fedele al tuo brand o a quello che si ha intenzione di comunicare nel e con il sito. Se il tuo pubblico di riferimento sarà italiano, la strategia corretta può e essere quella di utilizzare come estensione del dominio ".it". L'estensione non incide sull'indicizzazione del sito sui motori di ricerca, ma, se se ne utilizza una abbastanza diffusa, verrà ricordata con più facilità. Per la registrazione dei domini e per la sottoscrizione di un piano di hosting esistono più e più siti.

L'ultimo fattore da prendere in considerazione riguarda il tema (o template) e serve a dare la veste grafica al sito WordPress. Installando la piattaforma, si installa in automatico anche un tema di default, ma, ovviamente, con questa modalità, sarà possibile modificarlo. Esistono temi per tutte le tasche: da quelli gratuiti a quelli premium. L'importante è che si rispettino queste condizioni: la compatibilità con l'ultima versione di WordPress, un numero discreto di download; la dotazione di un layout responsive, che permetterà di essere visibile su schermi di varie dimensioni (non solo sul computer, ma anche su un tablet o da mobile); e la compatibilità con gli strumenti che si pensa di utilizzare.

Anche se l'installazione del software è gratuita, questa seconda alternativa implica dei costi legati a queste operazioni, e sono variabili in relazione alle proprie considerazioni e necessità personali. Indicativamente, però, il primo anno, avviare un sito costa tra i 130 e i 140 euro.

1.8.1.2. Search Marketing: l'ottimizzazione SEO e SEM nella SERP

Il potere dei motori di ricerca, la Search Engine Results Page (SERP), consiste nel rappresentare la lista delle pagine trovate dal motore di ricerca stesso, a partire da una sequenza di termini utilizzati per arrivare a quel determinato risultato. Per poter posizionare la propria risorsa web nelle prime pagine, e renderla più visibile e visitabile, sono nate le attività di Search Marketing: SEO e SEM.

SEO è l'acronimo di Search Engine Optimization, e comprende tutte le attività di ottimizzazione che si metteranno in campo, sul sito e al di fuori di questo, per migliorare il posizionamento di una risorsa nei risultati di ricerca, ovvero per aumentare le possibilità che sia rintracciata dagli utenti che utilizzano un motore di ricerca. Un insieme di operazioni per incrementare la visibilità da parte degli utenti e il numero delle visite. La SEO agisce sulla struttura delle pagine del sito, sul testo, sui link di ingresso da altre risorse Web e sul tipo di Keyword utilizzato. I risultati di queste procedure non sono riscontrabili in tempi brevi, e la loro complessità è elevata perché i motori di ricerca modificano i loro algoritmi in continuazione.

Il motore di ricerca più usato in Occidente è, ovviamente, Google. Le possibilità di apparire tra i suoi primi risultati sembrano aumentare se si rispettano alcuni criteri: la costruzione di un blog verticale, la specializzazione su un unico argomento, l'inserimento di titoli o parole chiave che permettano al motore di ricerca di comprendere di cosa si sta parlando; le performance ottimali del sito nel caricamento di altre pagine, la ricezione di link di ingresso da altri siti; la facilità di navigazione all'interno del blog e molto altro ancora (anche perché, come è già stato affermato, Google modifica di continuo il suo algoritmo!).

Per SEM, invece, si intende Search Engine Marketing, una funzione nata nel 1996, con la realizzazione di Keyword Advertising da parte di Yahoo!. In svantaggio sul proprio competitor, anche Google ha successivamente recuperato terreno con la piattaforma AdWords, uno strumento per la diffusione di annunci a pagamento. Nel SEM, si riunisce un insieme di attività per il posizionamento immediato, e una maggiore visibilità ottenibile grazie a Keywords configurate con tools precisi, riprendendo le parole chiave usate dagli utenti nei motori di ricerca. In questo caso, si ottengono dei risultati nel breve termine.

3.8.1.3. Il Social CRM e l'E-mail Marketing

Gli ultimi due strumenti che andremo rapidamente a esaminare saranno i seguenti: il Social CRM e l'E-mail Marketing.

Il Social CRM ricalca l'importanza del messaggio veicolato dalle 95 tesi del testo "The Cluetrain Manifesto" (1999), sottolineando ancora una volta **l'importanza della fedeltà, che esiste fino a che l'azienda accoglie, ascolta e rispetta il cliente.** Il Social CRM, o gestione sui social dei rapporti con i clienti, è l'insieme delle strategie, degli strumenti e dei metodi per entrare in contatto con gli utenti, fare la loro conoscenza e acquisire da loro informazioni. Consiste nell'integrazione, insieme ai già consolidati canali tradizionali, dei canali di Social media nelle piattaforme CRM (Customer Relationship Management). Ciò permette, quindi, di offrire una migliore assistenza al cliente e di raccogliere una quantità maggiore di informazioni di marketing.

L'E-mail Marketing è un modo per mantenere dei contatti periodici con i riceventi e continuare a ricordare i valori dell'azienda (o, nel nostro caso, della persona). Se si eccede con questa tecnica e si risulta eccessivamente invadenti, però, l'utente potrà scegliere di bloccare il tuo indirizzo o di non ricevere più notizie e farsi escludere dalla lista dei contatti. I contatti devono essere raccolti solamente con il consenso dei diretti interessanti e non possono ovviamente essere mantenuti, qualora il consenso si esaurisse.

La problematica alla quale va incontro questa tecnica è la probabilità di lettura effettiva delle e-mail ricevute. È possibile, però, misurare alcuni fattori, quali: la bounce rate, la percentuale di invii che tornano indietro come errori (soft bounce) o per via di un ricevente sconosciuto (hard bounce); open rate, le e-mail aperte in lettura; delivery rate: la consegna realmente effettuata; e la conversion rate, la percentuale di utenti che hanno accettato l'invito all'azione (Call To Action), inserita in un'e-mail.

I segreti svelati in questo capitolo

. È assolutamente indispensabile conoscere i differenti supporti per comprendere quale sarà quello più adeguato alle tue esigenze.

. Facebook è il servizio di rete sociale tra i più utilizzati mensilmente in Italia, premia la relazione e la leggerezza (anche se l'ago della bilancia pende più dalla parte della relazione).

. Twitter è un servizio di microblogging, ha un bacino d'utenza minore rispetto a Facebook, ma potenzialmente più raggiungibile, ed è caratterizzato da un pubblico con un livello di istruzione e di reddito più elevato.

. LinkedIn premia, ovviamente, i contenuti più seri e professionali. È molto di più di un "curriculum online". La sua componente social non va affatto sottovalutata: ogni contatto può rappresentare un'occasione professionale.

. YouTube è tra i social più utilizzati mensilmente in Italia, ma è anche il più complicato da utilizzare. D'altro canto, però, i video caricati al suo interno sono molto meno sensibili ai tempi di decadenza dei quali soffrono i post su Facebook o i tweet su Twitter. Un video può potenzialmente diventare popolare anche dopo anni dalla sua pubblicazione.

. TikTok è l'app più scaricata del 2020. Funziona per la sua contagiosa allegria e per la capacità di stimolare la creatività dei suoi utenti. Ha un pubblico molto giovane (il 42% appartiene alla fascia d'età dai 18 ai 24 anni) e prevalentemente femminile.

. Instagram è il social più visuale, si presta molto bene all'attuazione di una strategia di visual storytelling: pone le immagini al centro di un racconto che deve emozionare e coinvolgere il pubblico. L'utenza è in maggioranza giovane (18-35 anni) e in prevalenza femminile.

. Oltre ai social, è possibile ricorrere all'utilizzo di strumenti aggiuntivi: il blog, che può diventare il fulcro centrale della tua comunicazione; l'ottimizzazione SEO e SEM e l'E-mail Marketing.

. È possibile creare un blog su WordPress direttamente dal sito (ottenendo un dominio di terzo livello), o scaricando gratuitamente un software e acquistando un dominio di primo livello, che ha risultati migliori in termini di ottimizzazione.

. Con Search Engine Optimization si intende l'insieme di tutte le attività, all'interno e al di fuori del sito, che hanno lo scopo di posizionare una risorsa tra i primi risultati di ricerca di un motore di ricerca.

. Con Search Engine Marketing si intende, invece, l'insieme delle attività che hanno lo stesso scopo della precedente strategia, ma che lo perseguono con l'utilizzo di Keywords, riprendendo le parole chiave che gli utenti inseriscono nei motori di ricerca.

. L'E-mail Marketing è una tecnica che permette di mantenere contatti periodici con i propri clienti.

4. LE STRATEGIE DI PERSONAL BRANDING PER ALIMENTARE UN'IDENTITÀ ONLINE

4.1. Come costruire un brand

"L'identità online è raccontare se stessi."

Matteo Rubboli (2013)

William Arruda (2003) sosteneva l'importanza per il processo di Personal Branding di seguire tre grandi fasi: l'estrazione, l'espressione e l'essudazione. Prima di tutto, gli individui sono incoraggiati a guardarsi dentro per scoprire i loro principali attributi identificativi, la loro "promessa di valore". Dopo di che, sono chiamati a costruire un'avvincente "dichiarazione personale del marchio" intorno a questo insieme di attributi. Infine, creano una strategia per rendere il brand visibile al mondo esterno. Per l'autore, gli imperativi collegati al Personal Branding sono tre:

1. Produrre lo storytelling: le storie affascinano e sono capaci di colpire l'immaginario collettivo del target.

2. Focalizzarsi su una sola caratteristica: comunicare un messaggio per volta, e farlo costantemente. Un personaggio viene ricordato più spesso, se lo si associa a un'unica caratteristica.

3. **Comunicare il personaggio come se fosse un prodotto.**

Tra i profili di Personal Brand da lui osservati, si ritrovano le seguenti categorie: l'aggiustatutto (il guru al quale rivolgersi per migliorare qualsiasi cosa), il semplificatore, l'innovatore, il ragazzo prodigio (o giovane talento), la roccia (il capitano che conduce la nave in porto durante una tempesta), l'organizzatore (il project manager), il mediatore, il negoziatore, l'uomo network (colui che ha sempre i contatti giusti), il venditore nato, il guru (che condivide la propria saggezza) e il giocoliere.

Prima di iniziare a costruire un marchio personale, è necessario conoscere la tua posizione nei risultati di ricerca e comprendere quali di questi risultati possono danneggiare la reputazione di cui godi. Il secondo passaggio consiste nella pulizia di tutti i contenuti che non sono corrispondenti all'immagine desiderata, tutto ciò che non si adatta alla tua visione personale. I tipi di post, immagini e commenti più dannosi possono veicolare informazioni su: comportamenti non professionali, stili di comunicazioni non idonei, uso di alcol o droghe, visioni estremiste legate alla politica, alla religione, alla razza o al genere; ma anche elementi sessualmente espliciti. Dopo aver eliminato i contenuti più incriminanti, è finalmente arrivato il momento di pensare alla costruzione del tuo brand personale, identificando tutti gli elementi che ti rendono ciò che sei e ponendoti dei quesiti, come: Chi sono? Cosa mi rende unico? Qual è la mia visione del mio marchio personale? Quali sono i miei obiettivi? Chi è il mio pubblico? Chi potrei aiutare? Chi potrebbe aiutarmi? Cosa mi rende diverso? Cosa mi rende affidabile? Quali sono i miei punti di forza? Come potrei dimostrare tutto questo?

Per la personalità, vale la regola **"less is more": poca personalità, ma buona.** Occorre per questo fare una selezione di ciò che desideri mettere in primo piano, di ciò che potrebbe essere utile e pertinente con la tua proposta. Il consiglio potrebbe essere quello di riassumere gli aggettivi che meglio sanno descrivere la tua persona in una lista, e di sceglierne tre da questa per concentrarti su un numero più equilibrato di informazioni. La presenza online che si sta costruendo deve necessariamente riflettere il tuo brand, ma quest'ultimo non potrà mai raccogliere i tratti di una persona nella sua totalità. Sarà quindi necessario concentrarti sulle parti di essa che sono funzionali all'attività e al messaggio che vuoi comunicare.

Dopo che le risposte a queste semplici domande ti saranno chiare, occorrerà mettere in mostra le tue abilità e i risultati ottenuti, parlando di quelli che ti rendono orgoglioso, elencando i premi e i riconoscimenti ricevuti, e pensando in modo olistico a ciò che si sta progettando e a ciò che si vuole lasciare a chiunque ti stia cercando online.

Per avere una forte presenza online, occorre costruire una solida base di siti e di profili, utilizzando il tuo nome completo su tutti i profili e domini, completando i profili di ogni social prescelto, includendo la tua posizione quando possibile e mantenendo i contenuti nel tempo. Si consiglia di iniziare con un solo prodotto e con un solo canale (individuando sempre le forme della comunicazione specifiche per quel canale), per utilizzare poi gli eventuali guadagni per crescere ed estendere il raggio d'azione. Una volta che i canali aumenteranno, l'immagine coordinata andrà curata maggiormente, in modo tale da fornire un'elevata coerenza visiva al tuo brand, da renderlo riconoscibile a prima vista, prestando attenzione anche ai dettagli e ai particolari: i caratteri, il logo, la grafica e la palette di colori utilizzati nel sito.

Come è stato già detto, **la semplicità nel branding ripaga sempre**: se si cerca di parlare a un target italiano, in un contesto italiano, sarebbe più opportuno scegliere un titolo anch'esso in italiano, coerente con la tua attività, breve, non ambiguo e facile sia da scrivere e sia da memorizzare. In questo frangente, anche l'utilizzo di uno slogan può essere utile, ma questo deve essere un elemento rappresentativo dell'adesione ai valori fondanti del brand, e non un incentivo alla vendita. Lo slogan deve convincere il cliente della validità del servizio offerto o del prodotto proposto, in modo indiretto, creativo e convincente. Deve contenere un messaggio accattivante e incoraggiare i potenziali clienti. Utile, perché la sua funzione è quella di introdurre al mondo e alle verità espresse nel brand. Uno slogan dovrebbe rispondere a determinate caratteristiche: essere motivante e positivo, rivolgersi alla seconda persona singolare, parlare non di ciò che si vende ma del suo valore aggiunto, essere un invito e non un ordine, ed esprimersi malgrado questo con l'imperativo.

Prima di introdurre un brand sul mercato, sarebbe opportuno definire tre strumenti: **gli imperativi strategici**, delle norme ferree che ci si impone nel medio e nel lungo periodo, obiettivi a tendere, ampi spazi da realizzare; **gli spunti di prova**, di breve o brevissimo periodo, azioni circoscritte e concrete già realizzate o in fase di realizzazione; e **i modelli di ruolo** (attività di comunicazione, aneddoti, eventi o persone associati al brand con un ruolo di elemento emblematico della sua identità).

Un altro aspetto cruciale, seppur a un livello più superficiale, riguarda il proprio aspetto e le altre caratteristiche visuali: dal modo in cui ti presenti al tono di voce, all'abbigliamento scelto per l'occasione... tutto contribuisce a formare lo stile, e **lo stile è la firma**, un elemento che collabora nella creazione di coerenza, unicità e riconoscibilità alla base degli stessi prodotti o servizi offerti.

4.2. Come trasmettere credibilità

Se il primo step prevede e richiede una buona comprensione di sé, il secondo, invece, obbliga ad avere un'ottima comprensione degli altri, dei motivi che li spingono a leggere un post, a guardare un video, a cercare di saperne di più. Dei motivi per i quali dovrebbero sceglierti.

Per poter convincere gli altri, occorre avere una motivazione forte e condivisibile. La motivazione si chiama Mission, ed è la missione dell'attività, la spinta ideale e il motivo per il quale si corre un rischio d'impresa. Serve sia ai clienti e sia a non perdere mai di vista la ragione per cui tutto ha avuto inizio. Per essere solida, sincera e credibile, la Mission deve essere qualcosa di autenticamente personale, deve emergere dalle proprie esperienze di vita. Questa contiene una convinzione positiva, chiara e universale, e deve spiegare perché si fa ciò che si sta facendo.

La Vision è, invece, la visione positiva alla quale si tende, che ha bisogno, per potersi concretizzare, di uno sforzo continuativo e generazionale.

Il Manifesto, infine, è il modo in cui si comunicano i valori del brand. È più completo rispetto alla Mission e allo slogan, si presenta come un elenco numerato per temi ed è il fondale filosofico che serve a comunicare in modo chiaro con i clienti, permettendo di spiegare a questi ultimi le proprie motivazioni, la propria visione di un mondo migliore e il contributo che si dà con il proprio lavoro. L'aspetto di questo elemento deve essere graficamente piacevole. È preferibile inserirlo nella parte finale del proprio sito.

Per poter procedere con la costruzione del tuo brand, è assolutamente necessario determinare il pubblico e definire il proprio target, ossia la tipologia di persone alle quali ci si rivolgerà con i propri prodotti o servizi. L'errore più comune è pensare di potersi rivolgere a tutti. Le persone decideranno di pagare per far sì che uno dei loro problemi (o più di uno) sia risolto, per avere un ritorno, e il target stabilito deve sentirsi rappresentato dai prodotti o dai servizi che sceglie. Se si fa fatica a riconoscere il proprio target, o se se ne ha uno troppo vago, ci si muove alla cieca nel marketing e nella comunicazione. Il target è un campione demografico ben definito, un insieme di persone che si presenta omogeneo e compatto, e che rappresenta i destinatari ideali dell'offerta pensata. Il target previsto è quello che si stabilisce come ideale sulla base della propria attività, quello reale è rappresentato dai clienti effettivamente raggiungibili o raggiunti, da coloro che hanno già acquistato e che presentano un alto livello di soddisfazione. È indispensabile che questi target siano realistici. Nelle fasi successive, si potrà verificare l'andamento del proprio posizionamento sul mercato, confrontando il target reale con quello ideale.

Il cliente ideale, invece, è una persona in carne e ossa, un singolo individuo con caratteristiche proprie. Non è la persona che acquista tutti i prodotti o i servizi, ma è una persona che ha dei problemi che, con l'attività che hai intenzione di portare avanti, sono risolvibili. È qualcuno che apprezza il modo in cui questo problema viene risolto, lo stile, la personalità e il modo di comunicare che hai tu, che l'hai risolto. Questo passaggio dal generale al particolare è indicato perché utile a rendere più mirata la comunicazione e le azioni di marketing. Occorre parlare con lui, affinché si possa riconoscere.

Tra le domande che sarebbe opportuno porsi in questa fase, si trovano le seguenti: Chi è il mio target di riferimento? Dove si trova? Quali mezzi utilizza per trovarmi? Quale tipo di contenuto gli interessa?

Il raggiungimento del pubblico è un aspetto molto complicato, motivo per il quale sarebbe meglio iniziare dalle persone che già conosci, attori chiave che potranno condividere il tuo brand con persone che loro conoscono già, ma che ancora non ti conoscono.

Un altro modo per acquisire ulteriori informazioni è quello di cercare e studiare a fondo il tipo di contenuto promosso e la comunicazione utilizzata da influencer in linea con quanto si vorrà realizzare, da testate giornalistiche, forum e fonti di notizie specifiche del nostro settore di interesse.

Man mano che ci si abitua alla creazione di contenuti (post sui social, post sui blog, infografiche, video, ecc.), occorre pubblicarli nei luoghi in cui si trovano gli interessati al proprio settore di competenza. Chiedere aiuto ad altre personalità già affermate e ben considerate nel tuo ambiente può aiutare a esporre il tuo brand a un altro pubblico, ampliando il bacino d'utenza, e a offrire un supporto alla tua credibilità.

Lo scopo di tutti questi possibili suggerimenti non è quello di aumentare il numero dei follower, ma consiste nello stabilire delle connessioni e relazioni durature nel tempo, nel guadagnarti la fiducia degli altri, trattando con empatia e onestà le persone con le quali hai a che fare.

La credibilità, però, non si costruisce soltanto con ciò che te stesso/a dici e racconti sulla tua professionalità, ma si costruisce specialmente attraverso le conferme che arrivano da chi ha lavorato con te, da chi ha acquistato da te, da chi, con te, è entrato in contatto e ne è rimasto così soddisfatto da spendere la propria credibilità personale per ribadire la tua.

Trattando bene i tuoi clienti prima, durante e dopo l'acquisto, ci sarà la possibilità di raccogliere dei commenti con dei feedback positivi firmati da loro, e di trasformarli in testimonianze sul sito web personale. Occorre ringraziare spesso, richiamare all'azione e offrire delle ricompense in cambio, avere delle novità da comunicare ai clienti in anteprima, delle accortezze e delle attenzioni da dedicargli. **Un cliente che torna ad acquistare è la dimostrazione più forte della validità del tuo brand.**

4.3. Come coltivare il pubblico e ascoltare la rete

Secondo Mirko Saini (2018), famoso formatore LinkedIn, "**ognuno di noi sceglie e viene scelto in base a fattori umani prima che professionali.** Molto quindi dipenderà dal tipo di atteggiamento che tu avrai e che necessariamente inciderà con l'idea che gli altri avranno di te."

Creare contenuti unici e di alta qualità è il mezzo per impressionare il tuo pubblico e vincere più opportunità professionali. I passi che è possibile fare per aumentare strategicamente la tua visibilità online, lavorando con il pubblico, includono:

1. La sensibilizzazione: riferita al contatto con le persone, con le organizzazioni, le fonti di notizie che potrebbero essere interessate a te e al tuo lavoro. L'obiettivo è quello di lavorare sulla memoria e sul ricordo del tuo brand nella mente dei consumatori (brand awareness), fino al raggiungimento del livello T.O.M.

2. Networking: creare una connessione sincera con un'altra persona che può poi svilupparsi in una relazione (anche offline) reciprocamente vantaggiosa. Cerca di partecipare a quanti più possibili eventi di settore e di parlare con i partecipanti, seguendo con attenzione ciò che stanno facendo e da cosa sono attratti.

3. Impegno costante: la pubblicazione di contenuti di alta qualità spesso non è sufficiente, per mantenere l'interesse del pubblico è indispensabile impegnarsi in modo maggiore e soprattutto costante: rispondi ai commenti e alle domande rivolte a te, se non hai le competenze necessarie per farlo, tagga un esperto del campo che possa farlo per soddisfare comunque la richiesta dell'utente che ha tentato un approccio, che non deve andare sprecato; rispondi sempre, non è

necessario elargire risposte lunghissime a ogni singolo commento, ma rispondi sempre. Se noti delle domande frequenti, è bene prendere spunto per farne un post nel quale verranno accontentate pubblicamente e univocamente. È importante dimostrare di essere sempre attivi nelle conversazioni che riguardano e interessano il proprio settore (retweet delle persone che si ammirano di più, condivisione di aggiornamenti e novità di fonti di notizie affidabili).

4. Creazione di contenuti: l'aggiornamento costante e ripetuto dei propri profili ha delle ripercussioni positive su tre aspetti: ottimizzazione dei motori di ricerca (si è già visto che i contenuti di qualità sono premiati in termini di indicizzazione), sviluppo personale del marchio, coinvolgimento e crescita del pubblico.

5. Link building: è una tattica di ottimizzazione per i motori di ricerca in cui si cerca di aumentare il numero di link pubblicati da fonti esterne che rimandano al proprio sito web o profilo social. Il valore di questi link si modifica in base all'autorità del sito che si collega.

6. Strategia avanzata per parole chiave: è positivo aiutarsi con strumenti come Google AdWords per indagare il volume di ricerche per parole chiave specifiche, che, se utilizzate, possono far ottenere un posizionamento migliore.

Inoltre, l'ideale sarebbe anche prestare attenzione a questi ulteriori escamotage, utili a rafforzare i rapporti con i tuoi clienti: creare dei post nei quali si raccontano esperienze o vicissitudini strettamente personali, in modo tale che loro si immedesimo e si calino in altri panni (nei tuoi); aggiungere spesso una chiamata all'azione per mostrarti desideroso/a di sapere cosa ne pensano gli altri riguardo a una particolare tematica; dare ai post un finale simile a quello di un film, senza lasciare nessun racconto in sospeso; fornire il tuo punto di vista alla fine di una notizia scottante; creare delle panoramiche su ciò che accade "dietro le quinte", mostrando le foto del tuo ufficio, della tua famiglia, dei colleghi, ecc.; effettuare dei confronti su due prodotti, su due modi di lavorare differenti; permettere sempre all'utente di commentare (qualora non trovasse uno spazio per farlo sul sito ufficiale, ne cercherebbe un altro e l'eventuale commento negativo, che altrimenti sarebbe rimasto circoscritto in un unico luogo digitale, potrebbe essere divulgato tramite altri canali, offrendo meno possibilità di trovare un compromesso con il cliente insoddisfatto o di scusarsi per l'errata performance); rispondere alle critiche con umiltà e con voglia di risolvere la disamina; evitare di usare in eccesso gli hashtag (quattro o cinque hashtag sono sufficienti); avvisare i propri contatti quando hai intenzione di postare più del solito o quando, per impegni, sarai impossibilitati a farlo per un (breve!) periodo; ringraziare sempre.

Per quanto riguarda l'ascolto della rete, è possibile ricorrere alla Sentiment Analysis, che evidenzia la polarità del testo, in termini di positività, negatività e neutralità. Un'altra metodologia utilizzabile è la Passion Analysis, che, invece, si avvale di algoritmi di machine learning per comprendere il grado di colera, di empatia e di frustrazione degli utenti.

L'ascolto e la gestione delle conversazioni in rete si rende possibile grazie a piattaforme software di monitoraggio, classificabili in base alla visibilità (interna o esterna alla piattaforma), alla tipologia di analisi (qualitativa, quantitativa o mista) o di indagine e di policy economica (servizio free o freemium, che presuppone funzioni gratuite e altre per le quali è previsto, per esempio, il pagamento di un canone). Per esempio, abbiamo già visto che, sulle pagine di Facebook, si può controllare la copertura totale dei post, le caratteristiche dei fan e l'andamento dei like. In questo caso, la visibilità è interna alla piattaforma, la tipologia di analisi è mista, il tipo di indagine è Analytics e la policy economica prevede un modello free.

Non esistono ancora sistemi di ascolto in tempo reale applicabili su molti dei social media analizzati, e gli algoritmi di ascolto automatico fino a ora non hanno raggiunto un livello di accuratezza simile a quello svolto da un analista. L'ascolto della rete produce report periodici, ma, dopo averli ricevuti, è assolutamente necessario agire per cambiare la pubblica percezione e modificare il risultato che si otterrà nel report successivo.

4.3.1. Come creare e gestire una community

La community è un luogo nel quale le persone possono confrontarsi. All'interno di una community, gli individui condividono status sociale, interessi o legami affettivi.

Per poterne creare una, occorre fissarsi degli obiettivi iniziali, che dipendono molto dal campo di attività, e sviluppare una strategia: un insieme di azioni da mettere in atto in uno spazio temporale preciso. Una decisione rilevante andrà presa in merito alla natura della community online, quando si cercherà di capire se questa potrà o meno coinvolgere interlocutori esterni (o interni) all'azienda (o alla tua attività). In base alla tipologia di community, si deve definire la "governance", l'insieme di strumenti che regolano la vita della comunità. Tra questi strumenti, la "netiquette" stabilisce ciò che è possibile fare e quello che, invece, è assolutamente vietato. Lo sviluppo e la gestione di una community richiedono competenze e attitudini specifiche, è quindi necessario formare il giusto team e definire i ruoli. Il Community manager, per esempio, deve consentire la corretta collaborazione tra utenti e tra questi e il brand.

Le persone entrano a far parte di una community per tre motivazioni: per un'urgenza informativa, dovuta all'insorgere di un problema; per la ricerca formativa rispetto a una scelta da compiere, e per il desiderio di partecipare e di evolversi rispetto a una conoscenza.

Esistono quattro possibili fasi di sviluppo:

1. Il concepimento: la fase iniziale, che ha origini spesso indipendenti dal brand. In questa fase creativa, la libertà di parola è massima e il controllo è ridotto allo stretto indispensabile.

2. La nascita: è il passaggio a una fase più strutturata, corrisponde al momento in cui il brand prende in carico la comunità, elegge una sua voce ufficiale, stabilisce i criteri di partecipazione e predispone un piano editoriale di massima. Il linguaggio si adegua alla community, si stimolano i partecipanti e si invitano a dire la loro.

3. Adolescenza: la prima affermazione di esistenza concreta. Emergono i primi influencer e prendono la parola gli specialisti. In questo momento si allarga la reputazione della community e del brand, e la comunità risponde ai bisogni materiali degli iscritti, diventando un segmento di marketing a tutti gli effetti.

4. Maturità: fase di mantenimento, nella quale ormai il ciclo informativo si è consolidato, le personalità sono emerse e la comunità è pronta ad agire con modalità transmediali. Non è più il manager ufficiale a fare da mediatore e ad attenuare i conflitti, ma sono gli stessi utenti a moderare i toni.

Le informazioni che è possibile acquisire attraverso una community sono un'ottima base di dati per le analisi sulle strategie future, per l'individuazione di nuovi possibili prodotti e per indagare nuove possibilità di engagement, nuovi canali di vendita e nuovi bisogni da soddisfare.

4.4. Come gestire la reputazione, monitorarla e affrontare le crisi

La reputazione, come abbiamo già visto, è la stima e la considerazione in cui si è tenuti dagli altri. In ambito sociologico, è un concetto che attiene alla credibilità di un determinato soggetto, che, di conseguenza, non può modificarla a suo piacimento né può controllarla totalmente.

Il ciclo di vita della reputazione, o Digital Reputation Management – Life Cycle (Fig. 18), consiste in un programma che ne copre le fasi dello sviluppo, sintetizzabili in cinque passaggi: la valutazione, la costruzione, l'analisi, la gestione e il mercato, cinque processi interconnessi tra loro e percorribili con il fine ultimo di creare nuove opportunità di business e di migliorare il valore e la reputazione di un brand. Non è possibile ipotizzare un unico ciclo di vita che sia valido per ogni profilo reputazionale, è necessario saper sempre differenziare e preservare le singolarità del caso specifico e della sua cultura di riferimento.

Nella fase valutativa, si cerca di comprendere il modo in cui si è percepiti dalle persone e, in generale, online, per arrivare a una riflessione su cosa sarà indicato attuare e su cosa sarà più opportuno evitare in futuro. Dopo aver valutato il grado di conoscenza e la polarità delle valutazioni che ti interessano direttamente, si inizia a costruire la propria reputazione, stabilendo un piano, una strategia reputazionale, gli obiettivi e le linee guida da seguire, identificando le aree dove la tua presenza è richiesta e apportando modifiche e migliorie nelle aree già presiedute. Il passaggio successivo riguarda l'analisi della propria situazione: dai feedback ricevuti alle motivazioni di ciascuna valutazione. Nella fase di gestione, occorre passare all'azione, pur di mantenere un livello alto e positivo nella posizione occupata: reagendo velocemente e in modo educato alle critiche e agli attacchi negativi, e cercando di prevenire la loro apparizione. Per la prevenzione di eventuali attacchi, instaurare buone relazioni con il proprio pubblico è sempre una delle strategie migliori. Questo momento è caratterizzato da un'alta percentuale di rischio, e prevede l'intervento attivo sui social media, il monitoraggio delle conversazioni (Sentiment Analysis o Passion Analysis) e la gestione delle community. Nell'ultimo stadio, dovrai raccogliere le recensioni e le testimonianze dei tuoi clienti per creare una rete di fiducia e costruirla intorno alla tua figura, in modo tale da promuovere il valore del tuo brand e da invitare nuovi clienti a farci affidamento.

Qualora si verificasse una crisi reputazionale, sarebbe opportuno introdurre e riproporre la fase della ri-costruzione, successiva alla comprensione delle motivazioni che hanno portato alla crisi e dell'evento scatenante.

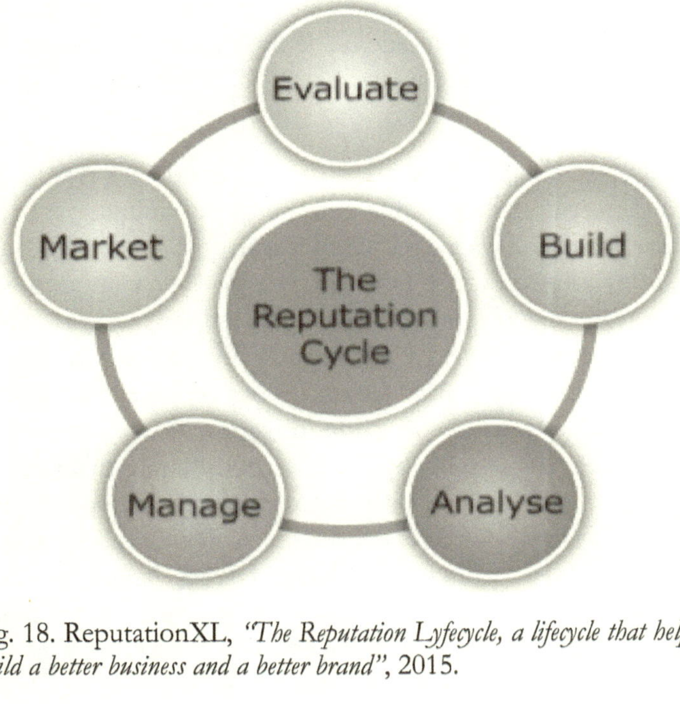

Fig. 18. ReputationXL, *"The Reputation Lyfecycle, a lifecycle that helps to build a better business and a better brand"*, 2015.

In questo contesto, agli antipodi, si scontrano due possibili eventualità: la creazione di un ciclo vizioso o la più auspicabile creazione di un ciclo virtuoso. Il ciclo vizioso è un rischio a cui si va incontro, postando contenuti di scarsa qualità, informazioni false, collezionando contenuti e commenti negativi, che aumentano l'insoddisfazione del proprio seguito e scoraggiano nuovi potenziali clienti. È il risultato di una noncuranza dell'opinione del tuo pubblico o di una concentrazione e di un'attenzione esclusivamente riposta nei confronti del brand. Per evitare di finire in questo circolo vizioso, è consigliabile propendere per un approccio che metta e tenga al centro il cliente.

Al contrario, un ciclo di vita virtuoso ha al suo interno dei contenuti positivi e di buona qualità, in grado di riflettere perfettamente il proprio business. Tutto questo comporta un aumento delle recensioni, della soddisfazione dei clienti, della fiducia acquisita, e, in definitiva, della domanda.

Costruire la reputazione di un individuo implica l'esaltazione della sua affidabilità e della sua credibilità nell'immaginario collettivo, organizzando una narrazione che sia il più possibile veritiera, ma che sia soprattutto verosimile.

Il commento negativo al proprio operato è il frutto di un utente insoddisfatto, che richiama l'attenzione degli altri, rendendo evidente una problematica con la quale si è scontrato e per la quale sta richiedendo una soluzione. Gli altri, però, difficilmente resteranno impassibili davanti all'oltraggio subito da chi si è fatto portavoce. È facile che si instaurino dei processi di immedesimazione, e che, al primo commento, se ne aggiungano di nuovi, firmati da chi conferma la prima esperienza, da chi ribadisce di aver (o di non aver) ricevuto lo stesso trattamento o di essersi imbattuto nello stesso problema.

La narrazione che si sta via via costruendo ricalca le orme dello schema narrativo canonico di Greimas (1983): un eroe buono fa le veci di tutti i deboli, combattendo contro l'antagonista cattivo e privo di scrupoli (ricordi il mio post "indignato" su Facebook?).

Un atteggiamento di superiorità e di chiusura è la risposta più sbagliata per porre rimedio a un attacco a suon di commenti: più che risolvere il dibattito, lo accenderebbe, aggravandolo. Lo stesso soggetto che attua un atteggiamento di sufficienza potrà auto-danneggiarsi e darsi, da solo, il colpo di grazia.

Può capitare a chiunque di commettere un errore, ma, se non si cerca di porvi rimedio o di ascoltare chi, questo errore, l'ha subito; la mancanza di interesse e il rifiuto ad ascoltare difficilmente saranno perdonati.

Ricevere recensioni o feedback negativi è più che naturale, così come è assolutamente impossibile piacere a tutti, ma, per rispondere adeguatamente, occorre essere opportunatamente preparati e sapersi mettere in relazione con i clienti.

L'esempio più lampante di un'errata gestione della crisi vede, quindi, due soggetti: il primo che informa gli altri perché ritiene corretto che tutti sappiano cosa gli è capitato. Il secondo, colui che viene attaccato, che replica di esserlo stato perché qualcuno ha inventato in malafede delle informazioni sbagliate sul suo conto. Se non ci si attiva immediatamente per cercare di attenuare l'impatto di un feedback negativo, le conseguenze potrebbero essere catastrofiche.

Quando un cliente insoddisfatto si lamenta di te, l'unica cosa che è consigliabile fare è scusarti, chiedergli maggiori dettagli per poter rimediare all'errore e cercare di recuperare un rapporto che si è deteriorato. Se quanto viene affermato corrisponde al falso, è giusto opporsi, rispondere in modo pacato ed educato, ma mostrando la documentazione necessaria a ribadire la tua correttezza e la mancanza di fondamenta della critica ricevuta e ingiustamente incassata. Nel caso in cui non disponi di materiale sufficiente a comprendere se quanto affermato sia vero o meno, sarebbe comunque opportuno rispondere che verranno effettuati dei controlli e indagare per scoprire cosa sia realmente successo.

È assolutamente deleterio e sconsigliato cancellare un commento negativo, a meno che l'utente non arrivi a insultare pesantemente il tuo lavoro o il tuo pubblico.

Non sempre un commento negativo è l'inizio della fine: è possibile che le persone possano giudicare questa "denuncia sociale" come troppo esagerata, e giustificare il comportamento adottato, giudicandolo ai limiti dell'accettabilità. Spesso è proprio un commento negativo a dare l'input per dimostrare che si è pronti a rispondere con professionalità, civiltà, educazione, competenza e disponibilità. Se gestita in modo consono, una critica può essere trasformata in un confronto pacifico, e questo sarà ancora più apprezzato dagli utenti che seguono il tuo lavoro.

4.5. Cosa pubblicare e cosa rende virale un contenuto

Nel 1996, in un articolo pubblicato sul sito di Microsoft (successivamente rimosso), Bill Gates affermò: "Content is king", ("Il contenuto è il re").

Il contenuto di qualità è alla base di tutte le azioni sul Web. **Il punto di partenza consiste proprio nel creare contenuti di qualità per un target ben definito.**

Abbiamo già visto quali potrebbero essere gli orari più consoni alla pubblicazione di contenuti sui differenti social media che abbiamo a disposizione, ma la domanda, a questo punto, è: cosa postare e cosa non condividere?

Per prima cosa, i contenuti non devono essere solamente testuali. Se curi l'aspetto grafico, con l'inserimento di diagrammi, infografiche o immagini con una buona risoluzione, renderai sicuramente più piacevole l'esperienza ai lettori. I contenuti originali generalmente vengono premiati, anche in ambito di posizionamento nei risultati di ricerca; motivo per il quale è preferibile evitare di copiare e incollare testi presi da altri siti. A meno che tu non voglia attrarre un pubblico di professionisti del settore (per esempio, su LinkedIn), e a meno che tu non li voglia impressionare, facendo leva sulla tua cultura e le tue abilità divulgative; sarebbe più opportuno evitare tecnicismi, anglicismi e termini particolarmente complessi, utilizzando invece una modalità di scrittura più semplice, alla portata di tutti. Il titolo è la chiave di ogni post, per questo è necessario soffermarsi molto su questo aspetto, facendo anche attenzione a non deludere le aspettative del lettore, venendo meno alla promessa fatta inizialmente. Dovrebbe spaziare tra i 40 e i 70 caratteri (spazi inclusi), ma la regola che fa da padrona è assolutamente il buon senso. Resta il fatto che **un titolo dovrebbe saper veicolare la mag-**

giore quantità di informazioni nel minor spazio possibile.

Per quanto riguarda il "cosa pubblicare", una possibile ispirazione potrebbe arrivare dalle news del momento. Se sei veloce nell'individuare la notizia che fa audience, e se sei in grado di distribuirla correttamente, sarà possibile cavalcare l'onda. Se hai intenzione di proseguire sull'aggiornamento delle ultime novità, però, sarà necessario mantenere una presenza costante online e controllare perennemente i feed, in modo da essere i primi a informare (anche i secondi... potrebbero essere già troppo in ritardo). La tempistica, in questo ambito, è tutto. Ciò che contraddistingue un blog da un quotidiano d'informazione è il valore aggiunto, i consigli di vita vissuta che saranno essenziali per chi, oltre a essere informato, vorrà sapere anche la tua opinione in merito e il tuo punto di vista. Se la quantità, nel portare traffico in questo settore, batte la qualità, viene comunque battuta dalla qualità al momento della fidelizzazione.

In un blog personale, un'ottima iniziativa potrebbe essere confezionata in una lista, fatta di idee e di metodi per poterle applicare. È una tipologia di contenuto molto apprezzata per il suo ordine e la sua chiarezza.

Altri contenuti che potrebbero essere graditi dal pubblico sono le interviste agli opinion leader del tuo stesso settore, le recensioni su tutto ciò che è interno al proprio ambito di riferimento, la realizzazione di tutorial per renderti utile e far sì che i tuoi seguaci imparino qualcosa di nuovo, le anteprime su ciò a cui stai lavorando, le domande dirette ai lettori, le chiamate all'azione, le guide per i principianti e un glossario per aiutare i meno esperti a comprendere tutte le parole tecniche che fanno parte della tua specifica professione.

Inoltre, riprendendo la ricerca di Jonah Berger e di Katherine L. Milkman (2011), i contenuti che evocano un alto indice di risveglio emotivo, sia positivo (soggezione) e sia negativo (rabbia o ansia), sono più virali di quelli che, invece, puntano sulla scarsa e bassa attivazione (o disattivazione) di emozioni, quali la tristezza. **Le emozioni differiscono in base al livello di attivazione fisiologica che è evocato dal messaggio.** L'ansia, la rabbia e la tristezza sono tutte emozioni negative, ma la differenza è nella qualità della loro mobilitazione: un basso risveglio emotivo tende al rilassamento, una più alta attivazione è caratterizzata dall'azione. Per questo, quindi, due emozioni della stessa valenza possono avere effetti diversi a seconda del proprio livello di attivazione. In generale, comunque, è possibile affermare che **il contenuto positivo è più virale di quello negativo.** Quando le emozioni, positive o negative, vengono provocate e stimolate attivamente, è molto più probabile che si attivi anche lo stimolo alla condivisione. La propensione a ripubblicare o a far circolare un post aumenta, se il contenuto, oltre a essere utile per il lettore in primis, potrebbe tornare utile anche ai suoi amici o colleghi, e quindi se il lettore pensa che, condividendo, potrà aiutare chi, a sua volta, lo segue.

In generale, le persone hanno bisogno di essere scosse, incuriosite, informate, sorprese. Più di tutto, però, **le persone vogliono emozionarsi e leggere storie, vogliono scoprire il lato umano che si nasconde dietro a un prodotto, dietro a una marca. Le persone fanno affari con altre persone.**

I segreti svelati in questo capitolo

. Per William Arruda, gli imperativi strategici del Personal Branding sono tre: produrre lo storytelling, raccontare storie per coinvolgere ed emozionare il proprio pubblico; comunicare un messaggio per volta e presentare il personaggio come se fosse un prodotto.

. Tra i primi passaggi da fare per costruire un brand, può essere utile cercare il tuo nome nei risultati dei motori di ricerca, pulire i contenuti dannosi e non compatibili con l'immagine di te che desideri veicolare; stilare una lista di aggettivi che meglio possano descrivere la tua persona e concentrarti sui tre che possono adattarsi al massimo all'attività che svolgerai. Inoltre, sarebbe opportuno elencare i premi e i riconoscimenti ottenuti, iniziare con un solo canale e ampliare il proprio raggio d'azione con i primi guadagni. A mano a mano che i canali aumenteranno, occorrerà curare sempre di più l'immagine coordinata.

. È assolutamente indispensabile conoscere e comprendere gli altri. Dopo aver ovviamente definito il tuo target di riferimento, per trasmettere credibilità occorrerà mantenere una linea di coerenza nelle proprie azioni e comunicazioni, studiare cosa fanno le personalità già affermate nel tuo settore (influencer, esperti, blogger e testate giornalistiche) per capire cosa funzioni e cosa no, chiedere loro aiuto per poter ampliare il tuo bacino d'utenza, e raccogliere infine i feedback ricevuti, trasformandoli in testimonianze sul tuo sito.

. Per quanto riguarda l'ascolto della rete, è possibile ricorrere alla Sentiment Analysis, che registra il grado di polarità di un testo, o alla Passion Analysis, che registra, invece, il grado di colera, frustrazione o empatia degli utenti.

. Per coltivare il tuo pubblico puoi provare a creare una community. Dopo un primo momento di stallo, nel quale un manager dovrà monitorare le comunicazioni al suo interno, potrà diventare un'ottima base di dati per la scoperta di nuovi bisogni da soddisfare, di nuovi canali per farlo e di nuove modalità di ingaggio dei consumatori. Inoltre, è consigliabile adattare i propri contenuti ai sogni e ai desideri dei fruitori, rendere questi ultimi partecipi, richiamandoli all'azione e ringraziandoli sempre per i loro interventi.

. La gestione della reputazione passa per un programma, il ciclo di vita della reputazione stessa, che ne regola le cinque fasi di sviluppo: la valutazione, la costruzione, l'analisi, la gestione e il mercato.

. Ricevere un commento negativo è assolutamente una pratica comune, ma la gestione di questo determina la gravità della crisi reputazionale che potrai trovarti ad affrontare. Rispondi sempre in modo civile e educato, scusati per l'errore, prometti di indagarne le cause, prova a rimediare il rapporto con l'utente che si rivela insoddisfatto e trasforma lo scontro in un confronto civile, in un'occasione in cui dimostrare nuovamente il valore del tuo lavoro.

. I contenuti potenzialmente più virali potrebbero essere: contenuti non esclusivamente testuali, con un titolo accattivante e che sappia contenere il maggior numero di informazioni nel minor numero di caratteri; informazioni organizzate in liste ed elenchi, interviste agli opinion leader del tuo settore, confronti tra più prodotti, immagini e scatti rubati del "dietro le quinte", le guide per principianti e i glossari per imparare al meglio i termini più tecnici della tua professione.

5. CASI DI PERSONAL BRANDING: DALLA TEORIA ALLA PRATICA

5.1. Il caso di Baddie Winkle, la super nonna di Instagram

"Your brand is what people say about you when you're not in the room."

("Il tuo brand è ciò che le persone dicono di te quando non sei nella stanza.")

Jeff Bezos (2015)

Helen Van Winkle, meglio conosciuta come Baddie Winkle, classe 1928, alla bellezza di 92 anni, è la nonna del Kentucky più celebre sui social (Fig. 19). Raggruppa al momento 3,6 milioni di follower su Instagram, 2,4 milioni di persone che la seguono su Facebook e 180.000 su Twitter, tra le quali Miley Cyrus, Nicole Richie e Gwen Stefani, presenti in alcune delle sue foto.

La sua prima apparizione sul Web risale al 2014, e, da allora, si è verificato un crescendo di consensi che ha fatto sì che diventasse una vera e propria star americana, tra le più acclamate e apprezzate della rete.

I fattori che hanno contribuito a renderla un'icona? Per prima cosa, sicuramente, la sua ironia. Nella descrizione del suo profilo si legge: "Stealing ur man since 1928", ("Ruba il tuo uomo dal 1928"), un'irriverente minaccia per le altre donne e una presentazione più che esilarante. E, se da un lato si immortala mentre prende pillole e farmaci, cercando di allungarsi la vita; dall'altro si mostra nei suoi abiti colorati e con make-up eccentrici, mentre partecipa agli eventi più gettonati (come il Coachella).

Ma, dietro ai mille colori sgargianti, si nasconde un passato tutt'altro che colorato e felice: nel 1947 ha sposato Earl Van Winkle, ma il matrimonio è durato fino al 1983, quando ha perso suo marito in un terribile incidente stradale. Nel 1999, Baddie ha perso anche il figlio, David Van Winkle, vittima di un'estenuante battaglia contro un tumore. Se la fortuna non l'ha assistita per buona parte della sua vita, il dolore è stato però l'impulso decisivo che l'ha spinta a cambiare orizzonti e a darsi un'altra possibilità. "Piangevo sempre perché non riuscivo ad accettare la loro perdita, così mi sono trasformata in Baddie Winkle", lo ha raccontato alla stampa americana, dopo aver sfatato il mito di una terza età rappresentata da persone che si rifiutano di vivere appieno i loro anni.

La sua scelta è stata preceduta da una fotografia che le è stata scattata dalla pronipote Kennedy, che l'ha immortalata mentre prendeva il sole in un paio di shorts e l'ha resa virale ed estremamente popolare su Twitter.

Questo personaggio fuori dal comune è una fonte di ispirazione per i suoi seguaci. In Italia, un'altra super nonna, Licia Fertz, ha deciso di intraprendere la sua stessa strada.

A rendere ancora più rivoluzionario il suo personaggio, è l'aperto sostegno all'uso terapeutico della marijuana e la rivelazione del suo segreto di bellezza, per lei un must: le irrinunciabili calze contenitive, esclusivamente color carne.

E se tutto questo non bastasse a considerarla una vera influencer, la donna risponde alle critiche in questo modo: "Baddie Winkle mi ha aiutato molto, almeno con l'umore. Ho imparato a vivere e a lasciar vivere. Mi piacerebbe essere un modello per gli anziani. Si vive solo una volta, goditela."

Baddie Winkle è una modella, un'amante del pop, una meravigliosa novantaduenne che è riuscita a incantare e a conquistare il suo pubblico con ironia, genialità e con il suo contagioso entusiasmo per la vita. Se il suo passato ha commosso e ha fatto sì che i suoi fan entrassero in empatia con lei, il suo modo di vivere il presente e la sua tenacia continuano a tenerli ben agganciati al suo stravagante mondo rosa.

Fig. 19. Baddie Winkle che manda un bacio ai suoi Haters, dal suo profilo Instagram, 2019.

5.2. Il caso di ClioMakeUp: da YouTube alla televisione

Clio Zammatteo, in arte ClioMakeUp, è una ragazza di trentotto anni ed è oggi una delle più popolari truccatrici professionali. Nel 2008 ha aperto il suo canale YouTube (1,34 milioni di iscritti), iniziando quasi per gioco a caricare i suoi tutorial (Fig. 20).

Complice la sua timidezza, il canale non ha avuto immediatamente il successo desiderato, ma, con il passare del tempo, proprio il suo essere così impacciata, ha fatto sì che i suoi fan la percepissero come un'amica che fornisce ottimi consigli, invece di considerarla una professionista che impartisce lezioni di vita dall'alto delle sue competenze.

Quando il suo canale ha iniziato a prendere il via, tra le prime proposte professionali, sono arrivate quelle di Vogue e di Pupa.

Nel 2011 è uscita la prima collezione di trucchi originali targata ClioMakeUp e nel 2012 Clio è andata in onda per la prima volta su Real Time (canale 31).

Nel 2014 è arrivata in libreria, con il libro "Clio beauty-care: La cura della pelle e i cosmetici fai da te", edito da Rizzoli e seguito, nel 2015, da "Clio make-up: la scuola di trucco della regina del Web" e da "Sei bella come sei". In seguito, ha deciso di aprire il suo blog, sviluppando la più grande community in Italia nel settore beauty. La sua community, dopo tre mesi dal primo video, contava già diecimila persone. Nel 2019, è arrivata a contenere al suo interno più di 6 milioni di persone.

Nell'aprile 2017, viene creato il brand ClioMakeUpShop, con il lancio sul mercato dei primi rossetti CreamyLove. Sempre a partire dal 2017, la sua linea di prodotti è approdata nei negozi fisici temporanei, i PopUp, allestiti di volta in volta in una città diversa d'Italia (fino a ora: a Milano, a Napoli, a Bologna e a Roma). Le avventure televisive non sono ancora finite per lei e la YouTuber è tornata sul piccolo schermo nel marzo del 2020 con un programma tutto nuovo, su Real time e in streaming su DPLAY. Il format ha visto Clio accogliere le sue clienti all'interno di uno store temporaneo per fare loro un make-up realizzato ad hoc.

Clio Zammatteo non è esente, però, da critiche, e sembra che il problema delle crisi reputazionali riguardi anche il suo personaggio: a ottobre 2020, Clio ha lanciato l'ultima collezione "OhMyLove", una linea di correttori in quattordici tonalità. Sul comunicato stampa, i nuovi prodotti sono stati descritti come "il frutto di un meticoloso studio e di anni di impegnativa ricerca per trovare la formula perfetta che fosse all'altezza delle aspettative di Clio e della community", e OhMyLove è stato dichiaratamente definito come "un prodotto inclusivo, adatto a un vasto range di incarnati, dai più chiari, ai medio chiari, ai medio scuri, agli scuri", ma molti dei suoi follower non sono stati d'accordo con queste dichiarazioni. Secondo alcuni utenti di Twitter, infatti, la nuova linea offrirebbe uno spettro di colori troppo poco ampio affinché il prodotto possa essere definito realmente inclusivo, portando a un risultato assolutamente deludente, soprattutto se paragonato al brand "Fenty Beauty" di Rihanna, pioniera della skin diversity nel make-up.

La bufera che si è scatenata sulla YouTuber l'ha vista al centro di accuse di razzismo, alle quali ha risposto, in un'intervista rilasciata a Vanity Fair: "È vero che ho ricevuto commenti negativi, ma se l'opinione si basa solo su una foto di 14 correttori in packaging frosted dal quale non si riesce a capire il colore reale, senza né approfondire la questione, né guardare il video in cui i correttori sono stati applicati su incarnati diversi, su uomini e donne dalla pelle chiara e scura, su una ragazza con il velo, non ci si può rendere conto che abbiamo cercato di includere tutti. Quello che succede purtroppo è che i commenti positivi vengono spesso sotterrati da quelli negativi di chi ha visto il progetto e non lo ha capito. [...] Credo di aver fatto un buon lavoro. [...] Il fatto che il mio brand poi sia solo sul Web talvolta può essere una limitazione, perché il prodotto non si può provare prima. Chi ha fatto commenti negativi non si è messo nei miei panni, voleva solo scatenare odio, se dopo un giorno dal lancio dei correttori mi dicono che non sono inclusiva non ha senso. Se la stessa accusa me l'avessero fatta dopo un mese dal lancio, dopo aver letto le recensioni, lasciato alle persone il tempo di provarlo, sarebbe stato diverso. Così senza aver provato il prodotto e solo guardando delle foto la polemica è sterile."

Le sue risposte celano una forte contraddizione: gli haters hanno criticato l'immagine promozionale nella quale non si riesce a capire il colore reale dei correttori, ma, vendendo solo sul Web, è proprio la fotografia che fa sì che le persone scelgano se acquistare o meno il prodotto. Se dalla foto, l'impressione generale è che chi ha un incarnato più scuro sia stato escluso, probabilmente, allora, è proprio la promozione a essere stata sbagliata. E, con buone probabilità, nonostante le ottime intenzioni iniziali, questi prodotti non hanno affatto soddisfatto le aspettative della sua community (o perlomeno, non le hanno soddisfatte nella loro totalità).

Clio si è presentata, nella sua difensiva, come la vittima di questa narrazione, accusata ingiustamente da chi voleva scatenare odio e da chi non si è messo nei suoi panni. Resterebbe, però, da capire se la make-up artist si sia messa nei loro, di panni, se abbia compreso le motivazioni celate dietro ai commenti negativi, se, oltre a concepirli come un attacco, riuscirà ad ascoltarli e a prenderli anche come suggerimento.

Non è possibile prevedere adesso quali saranno le ripercussioni sul suo operato nel lungo termine (anche se comunque molti dei prodotti della linea sono diventati sold out poco tempo dopo il lancio), né come verrà gestita successivamente la crisi che l'ha travolta da poco, ma al momento sembrerebbe che i presupposti non siano dei migliori. Difendere il proprio lavoro è sacrosanto, ma attaccare chi ha attaccato per primo può essere assolutamente controproducente… anche se si ha la capacità di saper cascare sempre in piedi.

Lasciando in secondo piano l'ultimo dibattito che l'ha recentemente vista come protagonista, ciò che resta evidente è che, in dodici anni di attività, l'evoluzione da digital publisher (limitata alla pubblicazione sui social e alla creazione di video tutorial) a e-tailer (e-commerce avanzato, dove l'obiettivo è di rendere tangibili tutti i prodotti e le loro storie) è stata plateale.

Attualmente, ClioMakeUp è una realtà che presidia tutte le dimensioni dell'ambiente digitale, con un'ottica mirata al servizio e al soddisfacimento dei bisogni dei clienti (soprattutto donne). Cosa è possibile ritrovare alla base del suo successo? La competenza professionale, gli anni di studio dedicati al make-up, la simpatia, l'autenticità, la genuinità, la determinazione e la costanza, oltre, ovviamente, alla qualità dei prodotti offerti e al numero di varianti coperte (vegan, cruelty free, paraben free, nickel tested, made in Italy, ecc.).

Un mix di ingredienti che ha reso sicuramente possibile il superamento della timidezza iniziale e l'apprendimento del funzionamento reale della piattaforma più adatta alle sue esigenze. Perché ha funzionato così? Clio Zammatteo non si è limitata a vendere, a informare, a dare consigli; Clio si è raccontata, ha parlato di sé, del sogno di creare una sua linea, del suo matrimonio, delle sue gravidanze, della sua vita a New York e del suo trasferimento. **Ha funzionato perché Clio ha collegato il suo brand al cuore e alla mente delle persone che l'hanno seguita e sostenuta**, dal 2008 a oggi. E tutto questo ha un nome: il brand storytelling.

Fig. 20. Alcuni dei video disponibili sul canale "ClioMakeUp"

5.3. Il caso Ferragnez: il brand storytelling

Ne abbiamo già parlato più volte fino a qui, ma senza sapere quale fosse il suo nome. Cerchiamo di scoprirne di più, ti va?

Il brand storytelling è la narrazione di un brand con lo scopo di emozionare, coinvolgere, stimolare la fantasia, l'immaginazione e la curiosità dell'ascoltatore. **Il brand è il protagonista della storia, ha un proprio carattere, un colore, un tono di voce, e vive in un preciso contesto narrativo.** Si introduce nella vita delle persone in una dimensione emozionale ma non invasiva, che vede il pubblico non come un semplice bersaglio da colpire e da raggiungere, ma come una comunità di individui da rendere partecipe, da emozionare e da persuadere attraverso, appunto, le emozioni. Con questa strategia, non si perde più tempo a descrivere minuziosamente le caratteristiche dei prodotti, ma se ne racconta il valore ai potenziali clienti. Molte aziende utilizzano efficacemente la narrazione per comunicare i propri valori guida e trasformarli in emozioni per il consumatore: Coca Cola porta avanti da anni il piacere della compagnia di amici e familiari, Red Bull preferisce presentarsi come "un eroe" e promuovere la forza, il coraggio e la determinazione; IKEA opta per il racconto della vita quotidiana delle persone con un arredamento (il vero prodotto) che si limita a farne da cornice; Harley-Davidson si identifica come un brand "ribelle", anticonvenzionale, che vuole smuovere gli animi dei consumatori dotati di spirito libero, contrari alle regole, ecc. Il brand storytelling non è una prerogativa unica delle aziende. Si è già visto, nel paragrafo precedente, come sia stato utilizzato da Clio Zammatteo per arrivare a instaurare una relazione stabile, duratura, ma soprattutto amichevole, con i suoi fan.

Un altro esempio calzante? I Ferragnez: la coppia digitale più famosa del mondo. Lui, Fedez, è un rapper molto apprezzato dagli adolescenti; lei, Chiara Ferragni, la top fashion influencer al mondo per Forbes (2017). Loro due, insieme: marito e moglie, genitori di un (a breve due) bambino. Per Vanity Fair, i personaggi italiani più influenti del 2020. Due profili separati ma interdipendenti, milioni di follower ciascuno e tantissima abilità nel marketing.

La canzone nella quale Fedez nomina per la prima volta la fashion blogger e il suo cane (che vanta comunque 384.000 follower su Instagram... niente male per una cagnolina!), l'inizio della loro frequentazione alla fine del 2016, la proposta di matrimonio in un'Arena di Verona stracolma di gente per un concentro di Fedez nel 2017, la notizia della dolce attesa, i problemi con la gravidanza, la nascita (prematura) del piccolo Leone nel 2018, le stories della loro vita quotidiana, degli scherzi, delle prese in giro e delle serate più romantiche; ma anche l'annuncio nel 2020 dell'arrivo di una secondogenita: tutto è stato opportunatamente registrato sui social e raccontato ai rispettivi follower in un continuo livestreaming.

Il loro matrimonio (Fig. 21) è stato il più social e il più seguito di sempre. La cerimonia, che si è tenuta il primo settembre 2018 a Noto, in Sicilia, è stata seguita da milioni di persone, creando un vero e proprio business.

Fig. 21. Uno scatto che ritrae Chiara Ferragni, Fedez e Leone nel giorno delle nozze, 2018.

L'evento stesso si è scoperto essere un brand, con naming, grafica e hashtag (per l'appunto, #TheFerragnez). Ogni cosa era brandizzata: dalle scarpe alle tazzine, dai gadget personalizzati agli snack dolci o salati, e innumerevoli sponsorizzazioni di brand hanno partecipato alle nozze più attese dell'anno. Pochi giorni prima del fatidico "sì", i futuri coniugi sono stati accompagnati da due mascotte uguali in tutto e per tutto a loro, disegnate e realizzate dall'azienda Trudi (Fig. 22). Gli ospiti hanno raggiunto la Sicilia con un volo Alitalia, gli abiti della sposa erano firmati in ordine da Prada e da Dior, mentre quello dello sposo portava il nome di Versace. Come se non bastasse, il matrimonio della coppia ha fruttato un ritorno economico, con un incremento turistico a Noto del 10-15%. Inoltre, se si considera che ogni post sponsorizzato dalla fashion blogger vale 11 mila euro, e se pubblicato da The Blonde Salad può valere tra i 50 e i 60 mila dollari, è abbastanza facile immaginare a quanto sia ammontato il guadagno di una singola giornata (spoiler alert: a tanto, a tratti a troppo).

Fig. 22. Le fotografie di Chiara Ferragni e Fedez con le mascotte Trudi, caricate sui corrispettivi profili Instagram, 2018.

Al di là dei conti da capogiro, è stata una vera e propria consacrazione mediatica, decisamente senza paragoni, almeno nel raggio d'azione italiano. La scelta di non vendere alcuna esclusiva a giornali o a programmi televisivi si è rivelata la strategia migliore, lasciando di conseguenza agli ospiti la libertà di catturare e condividere sui propri profili social ogni momento della celebrazione. Gli invitati, da fashion blogger a YouTuber, da influencer a collaboratori, hanno contribuito a rendere virale l'evento, creando un circolo vizioso e aumentando la visibilità, sia la propria e sia quella della grande occasione.

Lo storytelling in questa situazione è stato, quindi, costruito a tavolino: l'incoronamento di un sogno che ha avuto la stessa copertura mediatica di una serie televisiva, che ha visto una partecipazione incredibile da parte degli spettatori, che si sono immedesimati, commossi, rivisti negli sposi novelli, e che hanno creduto di poter vivere insieme a loro la gioia di quel momento. Secondo lo studio di Launchmetrics (2018), l'evento di tre giorni, legato all'hashtag #TheFerragnez, ha raggiunto un Media Impact Value (l'algoritmo che calcola il valore di una singola citazione fatta tramite stampa, Web, o sui social) generato dall'audience di 36 milioni di dollari, online e sui social, con oltre 67 milioni di interazioni (engagement). Un impatto di gran lunga superiore al Royal Wedding di Megan Markle e del Principe Harry.

Il matrimonio non è stata l'unica occasione in cui questi due master brand (Chiara Ferragni e Fedez) hanno collaborato: tra gli esempi più recenti è assolutamente opportuno citare la raccolta fondi, nello scorso marzo 2020, su GoFundMe, che li ha portati a raccogliere oltre 4 milioni di euro per l'acquisto di tutte le attrezzature necessarie per triplicare i posti letto in un nuovo reparto di terapia intensiva per l'ospedale San Raffaele di Milano, in occasione dell'emergenza sanitaria. Inoltre, i Ferragnez hanno preso parte, come volontari, all'iniziativa "Milano Aiuta", preparando la spesa e pedalando per la città per consegnare scorte alimentari alle famiglie in difficoltà. Cavalcando l'onda della popolarità che i due continuano a trascinarsi dietro, Giuseppe Conte, a ottobre, ha chiesto loro di fare un appello per sensibilizzare i giovani, esortandoli all'osservazione delle precauzioni indicate per prevenire il contagio e all'uso del dispositivo personale. Per aver messo "la notorietà al servizio della lotta al Covid-19", lo scorso 7 dicembre, la coppia ha ricevuto il premio Ambrogino d'Oro da Beppe Sala, sindaco di Milano.

Non a tutti, però, la solidarietà promossa e dimostrata dai Ferragnez è andata a genio. Il Codacons (Coordinamento delle associazioni per la difesa dell'ambiente e dei diritti degli utenti e dei consumatori), infatti, ha mosso una lunga lista di accuse contro il cantante: diffamazione, calunnia, associazione a delinquere, violenza, minacce plurime e induzione a commettere reati. A marzo, l'associazione ha segnalato come "ingannevoli" le donazioni sotto forma di commissioni nella raccolta online su GoFundMe, depositando, due mesi dopo, una formale denuncia presso la Procura della Repubblica di Roma e puntando il dito, non contento, anche contro alcuni dei follower che avrebbero preso le difese del rapper. La denuncia ha allertato immediatamente l'Antitrust, responsabile di aver avviato un provvedimento d'urgenza che dichiarava illecito il meccanismo di applicazione delle commissioni a carico dei donatori. Fedez si è difeso in una carrellata di storie su Instagram, spiegando nel dettaglio il funzionamento della procedura utilizzata per la campagna, accusando a sua volta l'associazione di voler bloccare le raccolte di fondi private per fare così i propri interessi. La querela per diffamazione contro Fedez si è recentemente conclusa con una richiesta di archiviazione "per manifesta infondatezza della notizia di reato" e con la legittimazione del "diritto di critica". Ma, come vedremo anche tra poco, questa decisione non ha di certo scoraggiato il Codacons, che si è rimboccato le maniche, deciso ad attaccare su altri fronti, e ha minacciato di presentare un ricorso al Tar per il riconoscimento conferito dal Comune di Milano a "soggetti che si sono distinti per messaggi sbagliati e diseducativi, diretti ai giovani."

La capacità della coppia di fare notizia non si arresta dal 2016, nel bene e nel male. Le critiche sono ovviamente all'ordine del giorno: dagli scatti osé dei due amanti, alle foto dell'imprenditrice in reggiseno, alla bufera che si è scatenata per il costo dell'acqua Evian con la griffe "Chiara Ferragni" (8 euro), all'esposizione esagerata del piccolo Leone sui social, ma, soprattutto, al party a sorpresa che Chiara ha organizzato per Fedez nel 2018, e che li ha visti festeggiare in una location inusuale: uno dei supermercati Carrefour. In quell'occasione, le stories hanno documentato gare di carrelli, lanci di panettone, balli tra la frutta e la verdura… e questa caduta di stile non è stata perdonata da molti dei loro follower, che non hanno esitato a inondarli di insulti. Quest'ultimo è stato probabilmente il primo e unico caso in cui i Ferragnez non sono stati in grado di gestire una crisi reputazionale sui social. Presi alla sprovvista e sopraffatti dal panico, hanno provato a correggere il tiro con alcuni video, ma la toppa è stata peggio del buco. Nel tentativo disperato di salvare il salvabile, Fedez ha dichiarato che i prodotti sarebbero stati donati in beneficienza alla fine della festa, ma facendosi cogliere in flagrante nel momento precedente alla registrazione, mentre, discutendo con la moglie, si organizzava per comunicare la scusa della donazione come escamotage per uscirne puliti. Dopo attimi di silenzio (nel quale il profilo del rapper era stato addirittura disattivato, cosa assolutamente al di fuori dal comune per questi personaggi), Fedez, in lacrime e dimostrando un effettivo disagio, si è poi assunto le sue responsabilità, implorando il perdono. Anche Chiara Ferragni, a capo dell'organizzazione del party in questione, ha rilasciato pubblicamente le sue scuse.

Uno scivolone bello e buono, che è capitato anche ai migliori… ma per il quale hanno saputo fare ammenda e recuperare, continuando a promuovere in fretta e furia nuove iniziative… meno criticabili. Tra l'altro, poco dopo è uscita la notizia della prima gravidanza… un'ottima distrazione per tornare in carreggiata. In ogni caso, il loro punto di forza, a prescindere dalle lodi, dai riconoscimenti e dalle polemiche, è la loro capacità di non lasciare indifferenti.

Chiara Ferragni e Fedez, dal primo incontro all'arrivo del secondo figlio, hanno costruito un marchio (quasi)

perfetto, e alla base del successo di coppia, c'è il successo dei singoli brand (Fig. 23).

Fig. 23. Chiara Ferragni, Fedez e Leone mostrano l'ecografia, dal profilo Instagram di Chiara Ferragni, ottobre 2020.

5.3.1. Fedez: da YouTube a X Factor

Federico Leonardo Lucia, in arte "Fedez", è l'esempio lampante di un uomo che si è costruito da solo, partendo dal basso e arrivando a raggiungere le vette più alte. Il suo successo sul Web è iniziato con i primi video postati sul suo canale YouTube (oggi 1,81 milioni di iscritti), che l'hanno portato a partecipare a gare di freestyle e a incidere il primo EP nel 2006.

Nel 2011, ha autoprodotto il suo primo album, "Penisola che non c'è", e ha pubblicato il primo disco, prodotto dall'etichetta discografica di Gué Pequeno.

Nel 2012, è tornato a sfruttare le potenzialità di YouTube, pubblicando una serie di video che raccontano la sua vita, sotto il nome di "Zedef Chronicles", e nello stesso anno ha vinto il premio come "Best new artist" agli MTV Hip Hop Awards.

Nel 2013, la collaborazione con Francesca Michelin ha portato alla nascita del singolo "Cigno Nero", che ha fruttato oltre 1.032.931 ascolti su Spotify. Sempre nel 2013, ha fondato la propria etichetta discografica, Newtopia, insieme al rapper J-Ax. Nel 2017, la società Zedef, sotto la guida della madre di Fedez ha acquistato la quota di J-Ax per 100 mila euro, divenendo l'unica proprietaria di Newtopia.

I suoi testi hanno conquistato tutti grazie alla sua ironia e ai riferimenti alla cultura pop e alla politica italiana.

Il 2014 ha visto l'esordio in tv per il cantante, ingaggiato come giudice del talent show X Factor. Il rapper ha ricoperto questo ruolo fino al 2019, anno in cui, annunciando l'uscita del nuovo album, "Paranoia Airlines", ha dichiarato di volersi dedicare alla sua famiglia e di lasciare così il programma che ha contribuito a renderlo ancora più conosciuto.

La sua presenza molto attiva e costante sui social l'ha portato a rivestire anche i panni di influencer e di testimonial di marche, quali Supreme: un negozio per skaters, che, attraverso una campagna ben pianificata su Instagram, è riuscito a trasformarsi in uno dei brand di moda più importanti nel segmento streetwear.

Il grande fiuto imprenditoriale del rapper risulta evidente, così come la sua abilità nel vendere se stesso e nel circondarsi sempre dalle persone giuste: tra le sue amicizie, concluse o mantenute nel tempo, si ricorda lo stesso J-Ax, Rovazzi (figlio della casa discografica Newtopia), Mara Maionchi, e lo YouTuber Luis Sal, dal 2020 con lui nel programma "Celebrity Hunted", disponibile su Amazon Prime Video, e nel Podcast "muschio selvaggio" su YouTube (636.000 iscritti).

Il 13 novembre 2020, Fedez riparte all'attacco contro il Covid-19 e lancia "Scena Unita per i lavoratori della Musica e dello Spettacolo", il fondo che ha visto l'adesione di oltre 70 artisti, tra i quali: Gianna Nanni, Achille Lauro, Maria de Filippi, Manuel Agnelli, Amadeus e tanti altri ancora. Il progetto, sponsorizzato da Amazon Prime Video e Intesa San Paolo, ha raccolto più di 2 milioni di euro: il 50% della somma fornirà aiuti diretti ai lavoratori, il 25% sarà dedicato ad attività formative e il 25% sarà investito in iniziative, volte a far ripartire il settore con nuove occasioni lavorative.

Ma Fedez proprio non riesce a rimanere con le mani in mano e a restare a guardare. Lo scorso 13 dicembre, a un mese esatto dal lancio di "Scena Unita", a bordo della sua Lamborghini Huracan e in diretta sul suo canale Twitch (281.727 follower), "ha indossato i panni di Babbo Natale" e ha deciso di destinare cinque mila euro, raccolti con le donazioni degli utenti, a cinque persone in giro per Milano. Sono stati proprio i suoi follower a selezionare le cinque categorie che hanno ricevuto mille euro ciascuna, ovvero: un senzatetto, un rider, una cassiera del Mc Drive, una volontaria della

Croce Rossa e un artista di strada. Malgrado le sicuramente ottime intenzioni, la spettacolarizzazione dell'opera benefica ha fatto (s)parlare tante persone: Fabio Volo, scrittore e conduttore radiofonico, ha criticato il cantante, affermando che la beneficienza non debba essere documentata solo per "diventare buoni per tutti, ma con i soldi degli altri" (Il rapper ha poi replicato, ammettendo di commettere dei disastri con la lente di ingrandimento su di sé, e invitando Fabio Volo a fare una donazione a "Scena Unita", comunicandogli anche di aver donato al fondo 100.000 euro, Fig. 24). Ugualmente contraria, ma con motivazioni differenti, Selvaggia Lucarelli ha battezzato l'iniziativa come "il tour dei poveri in Lamborghini", un format che ha ricalcato le orme di un "reality cafone", con lo scopo di fare show, e non quello di fare del bene. Il Codacons (di nuovo!), ovviamente, non poteva perdere l'occasione e ne ha approfittato per ribadire quanto quest'ultima trovata sia stata "un'operazione di marketing autopromozionale più che un'opera di solidarietà". Ancora una volta (sì, di nuovo!), l'associazione ha denunciato Fedez all'Antitrust e alla Polizia Postale, accusando il rapper di aver realizzato l'illecito di pubblicità occulta al marchio dell'auto di lusso che l'ha accompagnato nel corso della trasmissione live. Personalmente, non giudico il voler raccontare un gesto di beneficienza, anzi. Se quei cinque mila euro erano stati raccolti con il contributo dei suoi follower, era anche giusto che questi fossero resi partecipi e che venissero informati sulla destinazione finale. Quello che mi lascia un po' perplessa è la capacità di mettersi sempre e comunque in primo piano, anche davanti a, e a discapito di, una bella azione, che potrebbe far tacere ogni polemica. Lamborghini o Panda, poco importa, e la sua ricchezza non è una colpa, tutt'altro. La "colpa", o meglio... la carenza di delicatezza, è insita nell'incapacità di far prevalere il messaggio sul personaggio, incapacità che si conferma pure questa volta. Se, anche nell'occasione dell'appello di Giuseppe Conte, i Ferragnez si fossero limitati a sensibilizzare i giovani (come gli era stato richiesto), senza specificare di essere stati direttamente interpellati dal presidente del Consiglio, magari, il messaggio principale sarebbe stato "Indossate la mascherina", e non "Conte ha bisogno del nostro aiuto", dando più importanza al contenuto e non soltanto al contenitore (o, meglio ancora, all'emittente), e dando molto meno adito a eventuali (e reali) contraddittori. Se da una parte c'è e ci sarà sempre chi è pronto ad attaccarlo (e attaccarli) per il primo errore (vero o presunto) commesso, dall'altra, forse, sono anche i Ferragnez che giocano con la polemica, sfruttandola per alimentare sempre di più la propria visibilità (e, a mio avviso, non ne avrebbero proprio bisogno).

In conclusione, comunque, se tutti quelli che si sono presi la briga di criticare il cantante per questo giro in Lamborghini donassero (in silenzio o annunciandolo in piazza, come vogliono) qualcosa (in proporzione o meno alle proprie possibilità), a chi ne ha bisogno, probabilmente saremmo in una situazione migliore adesso. Che sia per accrescere il suo ego, il suo narcisismo, la sua visibilità, o che sia per dimostrare solidarietà a chi è meno fortunato, comunque, non si può negare l'evidente impegno sociale di Fedez.

Dai primi video su YouTube alla televisione, dalle stories quotidiane su Instagram alle trasmissioni live su Twitch, Fedez è riuscito a creare un impero, sfruttando il voyeurismo e soddisfacendo la curiosità, spesso ossessiva, dei suoi follower.

Fig. 24. Fedez risponde a Fabio Volo in una delle sue storie su Instagram, dicembre 2020.

5.3.2. Chiara Ferragni: da The Blonde Salad a "Chiara Ferragni Collection"

Chiara Ferragni è una delle fashion blogger più seguite al mondo e una delle figure più influenti dell'intero panorama della moda.

Nel 2009, ha creato il blog "The Blonde Salad", con un investimento iniziale di 10€ per il dominio Internet e di circa 500€ per una fotocamera digitale. Il blog è nato dalla sua idea e dalla collaborazione del suo all'epoca fidanzato, Riccardo Pozzoli. Da subito, Chiara ha rappresentato la classica ragazza dalla porta accanto, che si faceva fotografare per raccontare la sua vita fra Milano e Cremona, tra shopping e lezioni universitarie. Il suo stile genuino si riflette nelle risposte e nei ringraziamenti che da sempre dispensa a tutti gli utenti che interagiscono con lei e danno il proprio parere su uno dei suoi outfit.

Nel 2011, Vogue l'ha incoronata "Blogger of the Moment", con oltre 1 milione di visite sul blog e 12 milioni di impression mensili. Da quel momento in poi, la sua ascesa è stata inarrestabile. Oggi "The Blonde Salad" è un progetto editoriale, un e-commerce, una redazione che lavora sotto la guida di Chiara Ferragni, un punto di riferimento e di ispirazione nel settore fashion.

Chiara Ferragni, dall'alto dei suoi 22,2 milioni di follower sul suo profilo Instagram, è la regina indiscussa del Web e delle riviste patinate, un'icona che ostenta una bellezza naturale e propone il modello di un'eroina che ha inventato dal nulla un lavoro per il quale negli anni a venire si è creata un'accesissima concorrenza.

Nel 2013, ha fondato la propria azienda, "Chiara Ferragni Collection", con al centro le sue creazioni (abbigliamento, calzature, accessori, cover per gli smartphone, ecc.), caratterizzate dal logo del suo brand: un gigantesco occhio azzurro, ricoperto spesso da glitter colorati.

Nel 2015, Chiara Ferragni è diventata oggetto di un caso di studio da parte della Harvard Business School. L'anno successivo, nel 2016, è diventata la testimonial di Amazon Moda e la global ambassador di Pantene. Oltre a essere la testimonial di altri grandi aziende, come Swarovski, Pomellato, Intimissimi e Calzedonia; le è stata persino dedicata una Barbie dalla casa produttrice di giocattoli Mattel.

Nel luglio 2017, ha aperto il suo primo negozio a Milano e oggi Chiara Ferragni è un brand vivente, che produce 40 milioni di fatturato ogni anno e ha alle sue dipendenze uno staff di venticinque collaboratori, che operano tra blog, profilo Instagram, collaborazioni, campagne pubblicitarie e la sua linea di moda.

Nell'estate del 2019 ha realizzato un film documentario sulla sua vita, "Chiara Ferragni – Unposted" (Fig. 25), presentato alla Mostra del Cinema di Venezia, distribuito da Amazon Prime Video e diretto dalla regista Elisa Amoruso, con lo scopo di spiegare il fenomeno mediatico del suo personaggio. Tra filmati di famiglia, interviste di amici, parenti, follower e collaboratori, il film prova a sfidare lo spettatore, con la promessa di raccontare tutto ciò che l'imprenditrice digitale non ha (ancora) postato. Il documentario ha registrato un record assoluto, totalizzando 1.601.499 euro di incasso in soltanto tre giorni, diventando il film – evento più atteso e più visto di sempre in Italia (indovina? Il Codacons ha provato a bloccarne la messa in onda… l'avresti mai detto?!). Tra le notizie non (ancora) postate, ma trapelate grazie a "Unposted", una delle più clamorose riguarda il rapporto di Chiara con Riccardo Pozzoli, ex fidanzato e socio di minoranza di "The Blonde Salad" fino al 2018, anno in cui l'imprenditore avrebbe provato a vendere la sua quota (il

45% della società) all'insaputa dell'influencer, in procinto di dare alla luce Leone. È la stessa Chiara, verso la fine del documentario, a rivelare, con estremo dispiacere, i dettagli per lei più dolorosi di questa separazione, in termini professionali e relazionali.

Fig. 25. Immagine ripresa dal documentario "Chiara Ferragni – Unposted", 2019.

Una delle sue ultime trovate promozionali, nell'estate del 2020, ha scatenato diverse polemiche piuttosto sterili: il pomo della discordia è stata una sua visita agli Uffizi di Firenze, immortalata con un post che invitava i suoi follower a visitare il famoso museo fiorentino. Nonostante gli attacchi, come è stato confermato anche dal direttore delle Gallerie degli Uffizi, Eike Schmidt; il weekend successivo è stato registrato un vero e proprio boom di giovani in museo, all'incirca 761 in più rispetto al fine settimana precedente, con un aumento del 27%, generando un "effetto Chiara Ferragni".

Sempre di recente, verso la fine del mese di settembre 2020, il Codacons ha denunciato Chiara Ferragni (proprio lei, sì… stavolta Fedez è stato graziato!) per blasfemia, in seguito all'uscita di una sua intervista a Vanity Fair, accompagnata dall'immagine della modella, rappresentata come una Madonna rinascimentale, con un velo sul capo e un bambino in braccio. Per l'associazione, l'influencer sarebbe "una macchina da soldi, finalizzata a vendere prodotti". L'esposto è stato indirizzato direttamente all'imprenditrice, anche se l'immagine, il dipinto di Giovanni Battista Salvi, è stata il frutto di una scelta editoriale della rivista (Fig. 26).

A novembre 2020, a pochi giorni di distanza dalla Giornata Mondiale contro la violenza sulle donne, Chiara ha pubblicato un video su IGTV dal titolo "Essere donna nel 2020". In un monologo di circa undici minuti, l'influencer, munita di appunti e visibilmente contrita, ha esposto alcune delle problematiche che le donne, in una società ancora molto maschilista e patriarcale, si trovano ad affrontare quotidianamente (o quasi). Lo ha fatto, soffermandosi su concetti come il "victim blaming", "slut shaming" o "revenge porn", ma soprattutto invitando le donne in primis a collaborare, a essere solidali e ad aiutarsi a vicenda. Invitandole a combattere insieme, ma come alleate.

Simile al mitico re Mida, sembra che tutto ciò che Chiara Ferragni tocca si possa sul serio trasformare in oro. Oltre alle critiche dei suoi haters, oltre alle dichiarazioni dei suoi ammiratori, Chiara Ferragni non smette né sembra che smetterà a breve di far parlare di sé.

Fig. 26. L'immagine "blasfema" di Chiara Ferragni, realizzatata da Giovanni Battista Salvi per la rivista Vanity Fair, dal profilo Instagram "vanityfairitalia".

5.4. Il caso di Mosaico Arredamenti: cosa succede quando, nella pratica, si sbaglia

"Il Mosaico – Sistemi di arredamento s.r.l." è un'azienda che si occupa di commercio all'ingrosso di mobili, articoli di arredamento per la casa, elettrodomestici e mobili per l'ufficio. O meglio, lo era. Il link del suo sito ufficiale conduce ormai a un indirizzo ormai inesistente. Le tracce online, che continuano a ricordare gli ultimi atti dell'impresa, sono strettamente legate a un altro nominativo, quello di Sergio Sarnari: un blogger, che, il 28 marzo del 2008, ha pubblicato un post nel quale veniva raccontato l'epilogo di un acquisto complesso e di mobili mai arrivati a destinazione. Ordinaria amministrazione, se non fosse per un espediente poco tralasciabile: qualche mese dopo, Andrea Rossetti, l'amministratore della Mosaico Arredamenti, ha commentato il post del blogger, attaccandone il carattere "indiscutibilmente" diffamatorio e annunciando l'arrivo della querela alla Procura della Repubblica di Ancona nei confronti del signor Sarnari per un importo non inferiore a 400.000 euro. La comunicazione dell'impresa terminava, ciliegina sulla torta, con una minaccia non troppo velata, riservata a tutti coloro che potessero essere intenzionati a inserire sul blog notizie diffamatorie, e, per l'impresa stessa, non veritiere.

Nel dettaglio, il commento da parte dell'azienda è stato il seguente: "Scrivo la presente in qualità di amministratore della Mosaico – Sistemi di Arredamento s.r.l. Mi preme preavvertire che ritenendo il presente blog di carattere indiscutibilmente diffamatorio, ho presentato in data 14.05.2008 – per conto della società che rappresento – sia una querela alla Procura della Repubblica di Ancona nei confronti del sig. Sarnari, creatore dello stesso blog, sia un ricorso d'urgenza finalizzato alla richiesta di risarcimento danni nei confronti dello stesso Sig. Sarnari per un importo non inferiore a

400.000,00 euro, con fissazione della prima udienza per il 18.06 p.v. Il procedimento civile per il risarcimento dei danni nei confronti del Sig. Sarnari per il risarcimento dei danni nella misura suindicata, o in quella maggiore che la prosecuzione temporale del blog comporterà, procederà poi il suo corso. Consiglio a coloro che hanno intenzione di inserire sul presente blog notizie non veritiere e/o diffamatorie sulla società da me rappresentata di valutare l'opportunità di tale comportamento, rappresentando che le azioni giudiziarie sin d'ora promosse nei confronti del sig. Sarnari saranno estese a quanti concorreranno a tale fattispecie criminosa e/o civilmente illecita."

Sergio Sarnari ha eliminato immediatamente il post sul suo blog, cancellando di conseguenza anche tutti i commenti che il post aveva richiamato e convogliato.

La reazione degli utenti, da quel momento in poi, è stata immediata: in ogni blog si è dilagata a macchia d'olio la necessità di difendere la libertà di espressione, e Marco Camisani Calzolari, famoso divulgatore digitale, ha creato una petizione, raccogliendo le firme di centinaia di blogger.

Al centro del dibattito, non si ritrovava il contenuto del post di Sarnari, che, piuttosto, veniva ritenuto irrilevante, ma la battaglia che aveva lo scopo di difendere la verità contro Mosaico Arredamenti.

Le critiche sembravano non volersi fermare, e anche Andrea Rossetti è stato obbligato a fare un passo indietro, ammettendo la sua inadeguatezza nel rispondere agli attacchi sferrati sul Web.

La successiva lettera dell'amministratore dell'azienda a Marco Camisani Calzolari recitava queste parole: "Non era certamente mia intenzione attaccare una categoria che conosco poco e che ritengo assolutamente in buona fede. Se questo è il messaggio che è passato, me ne scuso nei confronti di tutti i blogger, e questa missiva ha proprio la funzione di chiarire definitivamente questo aspetto. In ogni modo, ritengo assolutamente doveroso tutelare un'azienda, nella sua immagine e attività, sulla quale ho investito più di dieci anni della mia vita e che offre lavoro a tante persone."

Per la prima volta, Andrea Rossetti ha così ammesso la sua ignoranza nei confronti dell'intera categoria dei blogger e nei confronti dei meccanismi della rete. Il suo atteggiamento minaccioso, esplicitato inizialmente con la comunicazione dell'avvio di un processo civile, ha dovuto lasciare il posto a una più pacata riflessione sulle conseguenze disastrose in termini di reputazione.

Il 15 gennaio 2009, sul blog di Marco Camisani Calzolari, è stata pubblicata la notizia della chiusura legale della disamina con l'assoluzione di Sergio Sarnari, privo ormai di denunce a suo carico.

Ciò che resta di questo episodio sono le (rare) tracce digitali che non sono ancora state rimosse, la memoria della malsana gestione di una crisi e dell'incapacità di ascoltare un semplice malcontento. Gli stessi link, che precedentemente riportavano ai post del blog di Marco Camisani Calzolari, rimandano adesso alla comunicazione di un errore nel caricamento di una pagina che non è stata trovata. Ovunque si cerchi, si ritrovano soltanto indirizzi inesistenti.

Ciò che resta è la più concreta certezza dell'inadeguatezza delle capacità e dell'insufficienza delle risorse di una piccola azienda, che, davanti alla minaccia di Internet, ha reagito, scavandosi da sola la propria fossa, auto-danneggiando nel modo più assoluto la reputazione della quale godeva, e segnando così il tramonto della Mosaico Arredamenti.

I segreti svelati in questo capitolo

In quest'ultimo capitolo, abbiamo visto insieme gli esempi di alcune personalità che hanno fatto del Personal Branding il proprio trampolino di lancio. Rivediamole insieme velocemente:

. Baddie Winkle: la super nonna del Kentucky che ha spopolato su Instagram e su Facebook, grazie ai suoi colori sgarcianti e alla sua voglia di vivere appieno la vita.

. The Ferragnez: lui, Fedez, un rapper molto famoso in Italia; lei, Chiara Ferragni, l'influencer più popolare al mondo e regina indiscussa del Web. Attivi su Facebook, Instagram, TikTok, Twitch e YouTube. Loro due, insieme: marito e moglie, i personaggi italiani più influenti del 2020, e due master brand sempre pronti a collaborare per nuove iniziative e contro ogni polemica (all'ordine del giorno).

. Mosaico Arredamenti: l'azienda che si occupa(va) di commercio all'ingrosso di mobili, e che ha visto tramontare il suo business per l'assoluta incompetenza nella gestione di una crisi reputazionale. Dopo aver sfidato la categoria dei blogger, e dopo aver querelato e minacciato chiunque avesse segnalato esperienze negative nel loro punto vendita, l'impresa ha dovuto chiudere i battenti, non dopo aver ritirato le sue accuse e ammesso la propria ignoranza nei confronti dei meccanismi della rete.

CONCLUSIONI

Potenzialmente, ognuno di noi possiede già i prerequisiti utili per creare un proprio marchio personale: abbiamo tutti un nome e un cognome, una faccia, uno stile, una personalità, dei punti di forza e di debolezza, delle competenze professionali, dei contatti fedeli dai quali partire, dei canali preferiti, dei contenuti da proporre, dei profili sui social media, e una passione che ci fa sentire vivi.

In molti, però, temono la concorrenza, i tempi e l'impegno necessari affinché tutto questo potenziale venga sfruttato. In molti, però, decidono di non sfruttarlo affatto, di non promuovere a 360° la propria persona, i propri obiettivi, i propri traguardi, gli interessi, le abilità acquisite e le conoscenze di base.

Molti altri, invece, non conoscono proprio la possibilità di trasformarsi in un Personal Brand, ignorano cosa significhi il termine e ignorano ancora di più i vantaggi che una strategia come questa potrebbe offrirgli.

Altri, infine, ci hanno provato e ci stanno provando. Questi ultimi, volenti o nolenti, hanno capito che il Web 2.0 mette a disposizione degli strumenti, che, se usati nella maniera corretta, sanno restituire molto di più di quello che chiedono, offrendo un palcoscenico nel quale chiunque può esibirsi e ricoprire un ruolo.

In questo manuale abbiamo parlato di Personal Branding, l'attività di auto-promozione per i singoli individui, che, con la speranza di creare nuove opportunità per il loro business, devono imbattersi in una serie di minacce e di occasioni: devono fare i conti con la propria reputazione online, con la stima che viene loro socialmente attribuita; concentrarsi sulle caratteristiche più distintive della loro personalità, evidenziare ciò che vogliono comunicare, ma soprattutto a chi vogliono parlare (il proprio target di riferimento); riflettere sui bisogni che hanno intenzione di soddisfare e sulle modalità con le quali si soddisferanno; selezionare i canali di diffusione, i profili o le piattaforme che saranno utilizzati.

Nel primo capitolo, è stato spiegato come la marca sia un sistema di attese, ricco di valori e con un immenso potere evocativo. Nella sua evoluzione, da un paradigma strutturale a un paradigma partecipativo, passando per una dimensione relazionale; è stata al centro di numerosissimi studi, intenzionati a scoprirne i costrutti essenziali. Nella definizione dell'immagine di marca, se si considera nello specifico la dimensione "marca come persona", la marca stessa viene effettivamente vista come un'entità alla quale rivolgersi, la stessa entità con i tratti della personalità che aveva segnalato Jennifer Aaker, o la stessa entità che il pubblicitario Jacques Séguéla paragonava ai divi dello star system hollywoodiano. La formazione della marca per antropomorfizzazione ricalca e anticipa anche il suo reciproco contrario: se la marca sa farsi e si fa persona, anche la persona sa farsi e si fa marca.

Nel secondo capitolo, si è data la definizione dei termini "Personal Branding" e "reputazione online", si è compreso il legame tra di essi e ne è stato spiegato l'avvento e il mutamento nel corso della storia. Se resta difficile stabilire quando sia nato il Personal Branding, la questione della reputazione, nell'era contemporanea, si è amplificata drasticamente. Ora che chiunque può minarla, dietro il mirino di un cecchino infallibile, la reputazione digitale va tutelata, protetta ed egregiamente gestita.

Nel terzo capitolo, sono stati elencati i nomi e le funzionalità dei social media che più possono adattarsi alle esigenze della strategia di branding che abbiamo analizzato (Facebook, Twitter, LinkedIn, YouTube, TikTok e Instagram). Oltre alle caratteristiche di questi strumenti, si è parlato anche di blog su WordPress, di ottimizzazione SEO e SEM nella SERP, di Social CRM e di E-mail Marketing.

Nel capitolo successivo, ho cercato di riassumere ed elencare i passaggi cruciali per mettere in pratica ciò che è necessario affinché si costruisca un efficace Personal Brand: dalla ricerca di informazioni sul proprio conto sui motori di ricerca all'ascolto della rete, dalla definizione del proprio pubblico alla gestione delle community nelle quali questo può riunirsi, dalla scelta dei contenuti da pubblicare agli orari nei quali è consigliato pubblicarli.

Nel quinto e ultimo capitolo, infine, ho presentato cinque casi che trovo particolarmente emblematici: Baddie Winkle, la nonna da milioni di follower su Instagram; ClioMakeUp, la make-up artist più seguita al mondo; Chiara Ferragni e Fedez, la coppia più social in assoluto; e il caso di Mosaico Arredamenti, un'azienda che è andata incontro al fallimento perché, a differenza degli esempi che l'hanno preceduta in questo contesto, ha gestito in modo catastrofico una crisi reputazionale, al suo nascere e manifestarsi.

Le strategie che ho cercato di rappresentare e di descrivere nel mio elaborato sono molto potenti e richiedono una grande attenzione da parte di chi vuole metterle in pratica. Per ovvi motivi di spazio e di logica, non ho potuto elencarle nella loro totalità o dilungarmi, come avrei voluto, su argomenti, quali la marca, le ulteriori analisi attraverso le quali monitorare le conversazioni in rete, altre piattaforme (come Google+, Flickr, Pinterest) ecc. Il mio intento, lo ammetto, non era quello di annoiarti (giuro!).

Lo scopo di questo libro è quello di permetterti di avere un'infarinatura generale, e il più possibile completa, sul grande mondo del branding, che ti auguro di esplorare quanto prima e quanto più a fondo. Spero con tutta me stessa che questo manuale possa diventare un piccolo punto di riferimento per te, per te che desideri fare della tua passione un lavoro, e che decidi di farlo, intraprendendo la strada del Personal Branding.

Ma adesso basta con le chiacchiere, è arrivata l'ora di passare all'azione e di mettere in pratica tutti i consigli e le considerazioni che abbiamo appena finito di vedere insieme!

Con un grandissimo in bocca al lupo, ti lascio sperimentare e ti ringrazio per il tempo che hai dedicato a me e a questo "Manuale di Personal Branding". Grazie (in anticipo), se deciderai di lasciarmi una recensione e di comunicarmi le tue impressioni a caldo!

Ancora buona fortuna!

Camilla

Bibliografia

Berger, J., Milkman, L., K., (2011) *What Makes Online Content Viral?*, Journal of Marketing Research, American Marketing Association, 1547-7193 (electronic).

Centenaro, L., (2010) *Personal Branding con i Social media, Come gestire la tua immagine e proteggere la tua reputazione con i Blog, le Reti Sociali e gli altri strumenti del Web 2.0*, eBook gratuito.

Centenaro, L., Sorchiotti, T., (2010) *Personal Branding: l'arte di promuovere e vendere se stessi online*, Hoepli.

Chen, C. P., (2013) *Exploring Personal Branding on YouTube*, Journal of Internet Commerce, 12: pp. 332-347, Routledge, Taylor & Francis Group.

Codeluppi, V., (2012), *Ipermondo, dieci chiavi per capire il presente*, Editori Laterza.

Di Stefano, N., Giannone, F., (2015) *Manuale sulla Web Reputation: dall'identità digitale all'economia della reputazione*, Corecom Lazio.

Furini, M., (2016) *Social media e social business: la rivoluzione che cambia il nostro modo di vivere e lavorare*, Youcanprint.

Gabrielli, V., (2014) *Brand communication*, Bologna, Il Mulino.

Gottini, G., (2015) *Tutto fa branding: guida pratica al Personal Branding*, Torino, Zandegù.

Lambin, J. J., (2016) *Market-driven management, marketing strategico e operativo*, edizione italiana a cura di Emanuela Tesser e Marco Galvagno, Milano, McGraw-Hill Education.

Lampignano, S. P., (2016) *Digital reputation management: come gestire, promuovere e difendere la reputazione online*, Santarcangelo di Romagna, Apogeo education, Maggioli editore.

Levine, R., Locke C., Searls D., Weinberger D., (1999) *The Cluetrain Manifesto*, traduzione italiana a cura di Luisa Carrada, www.mestierediscrivere.com.

Nadalini, E., (2019) *Costruire e alimentare identità online: Reputazione Web, controllo tutela valorizzazione*, independently published with MagicNet.

Peter, J. P., Donnelly J. H. Jr., Pratesi C. A., (2013) *Marketing Quinta edizione*, McGraw-Hill, Milano.

Pierlorenzi, M., (2016) *Self branding: come potenziare le proprie risorse per essere unici e vivere felici*, lulu.com.

Rubboli, M., (2012) *Social media Marketing, promuovere se stessi e la propria attività con i social network*, formato Kindle.

Scandellari, R. (2014) *Fai di te stesso un brand: Personal Branding e reputazione online*, Palermo, Dario Flaccovio Editore, seconda edizione.

Schawbel, D., Frati, M., (a cura di) Meloni, F., (2011) *L'arte del Personal Branding, come creare il Brand chiamato TE*, MFC Editore.

Schneer, M., Velazquez A., (2015) *Come costruire il tuo brand: manuale di marketing personale per la competitività nel lavoro e nelle professioni*, Milano, Guerini Next.

Séguéla, J., (1985) *Hollywood lava più bianco, il manifesto della pubblicità spettacolo*, traduzione italiana a cura di P. Grimaldi, Francia, Lupetti.

Vitelar, A., (2019) *Like Me: Generation Z and the Use of Social media for Personal Branding*, National University of Political Studies and Public Administration, Bucharest, Romania; Management Dynamics in the Knowledge Economy, Vol.7, No. 2, pp. 257-268.

Wong, C., (2017) *How did they make it? An examination of online personal branding: A pitch*, University of Queensland, Australia; Accounting and Management Information Systems, Vol. 16, No. 3, pp. 413-420.

Ringraziamenti

Arrivati a questo punto, credo che sia doveroso porre i miei più sentiti ringraziamenti a tutte le persone che hanno contribuito alla realizzazione di questo manuale.

Sono infinitamente grata a Dario Abate e Daniele Corradi, al loro perenne supporto e alla fiducia che hanno riposto in me, dal primo momento. Porto e porterò sempre con me tutte le emozioni che mi avete regalato, dalla notizia dei risultati di un concorso (che non avrei mai pensato di vincere) a questa nuova pubblicazione insieme.

Ringrazio con tutto il cuore il mio relatore per avermi spronata a fare sempre del mio meglio, per aver fatto sì che cercassi di dimostrargli quanto possa offrire una vecchia tesi, che nessuno, per lui, avrebbe mai letto.

Un gigantesco ringraziamento va ovviamente alla mia famiglia: grazie in particolar modo ai miei genitori e a mia sorella, che hanno sempre creduto in me, e che continuano a farlo, senza mai esitare. A Mimmi (e al suo caffè fumante), che mi aspetta e mi accoglie a ogni trasferta.

Un pensiero speciale va anche ai miei migliori amici: Andy, Tere, Tata, Edo, Proffi, Cippi, Simo, Co, Alessio, Vale, Alessia, Pinuzzo e Mister (odio fare gli elenchi perché dimentico sempre qualcuno... quindi chiedo venia a chi ho dimenticato, purtroppo è colpa della vecchiaia!). Grazie perché mi sopportate da sempre, e perché rendete tutto migliore. Grazie perché molti di voi sono in grado di annullare il tempo e le distanze, e non conta quanti giorni possiamo passare lontani, perché, ogni volta che vi vedo, sento che non è cambiato nulla, e che vi voglio bene con ogni singola parte di me.

Grazie infinite alla mia seconda famiglia: a Lino, che mi ha adottata ormai da due anni; a Grace, a Mauro, ad Adele e a Margò, che mi coccolano ogni giorno e mi fanno sentire davvero fortunata ad averli accanto.

Per ultimo, ma non di certo per la sua importanza, un immenso ringraziamento va a Enrico, alla mia persona preferita in assoluto, al santo che mi sopporta tutti i giorni, al paciugone che lascia tutte le sue cose in giro per casa, ma che riesce a farmi sentire in pace con il mondo, ogni volta che mi guarda.

Grazie per l'appoggio che mi avete dato tutti voi, per avermi sostenuta nei periodi peggiori e per aver festeggiato con me, in quelli migliori.

Non sarei arrivata fino a qui, se le nostre strade non si fossero mai incrociate.

Dedico questo manuale a ognuno di voi.

www.ingramcontent.com/pod-product-compliance
Lightning Source LLC
LaVergne TN
LVHW090350051026
849518LV00006B/2090